# ELVIS
## E SUA PÉLVIS

**de Michael Cox**
Ilustrações de Philip Reeve
Tradução de Eduardo Brandão

O selo jovem da Companhia das Letras

Copyright do texto © 2005 by Michael Cox
Copyright das ilustrações © 2005 by Philip Reeve

O selo Seguinte pertence à Editora Schwarcz S.A.

*Grafia atualizada segundo o Acordo Ortográfico da Língua Portuguesa de 1990, que entrou em vigor no Brasil em 2009.*

*Título original*
Elvis and his pelvis

*Preparação*
Beatriz Antunes

*Revisão*
Ana Maria Barbosa
Isabel Jorge Cury

*Atualização ortográfica*
Verba Editorial

---

Dados Internacionais de Catalogação na Publicação (CIP)
(Câmara Brasileira do Livro, SP, Brasil)

Cox, Michael
  Elvis e sua pélvis / Michael Cox; ilustrações de Philip Reeve; tradução de Eduardo Brandão. — 1ª ed. — São Paulo: Companhia das Letras, 2005.

  Título original: Elvis and his pelvis.
  ISBN 978-85-359-0637-0

  1. Cantores — Estados Unidos — Biografia — Literatura infantojuvenil 2. Presley, Elvis, 1935-1977 — Literatura infantojuvenil I. Reeve, Philip. II. Título.

| 05-2064 | CDD-028.5 |
|---|---|

Índice para catálogo sistemático:
1. Cantores de rock: Biografia: Literatura infantojuvenil 028.5

---

*7ª reimpressão*

# 2021

Todos os direitos desta edição reservados à
EDITORA SCHWARCZ S.A.
Rua Bandeira Paulista, 702, cj. 32
04532-002 — São Paulo — SP — Brasil
Telefone: (11) 3707-3500
www.seguinte.com.br
contato@seguinte.com.br

/editoraseguinte
@editoraseguinte
Editora Seguinte
editoraseguinteoficial

| | |
|---|---|
| Introdução | 5 |
| A família Repinica | 8 |
| Tupelo é um atropelo | 17 |
| O boogie da Beale Street | 31 |
| Vai fundo! | 43 |
| O Coronel assume o comando | 54 |
| Elvis atômico | 64 |
| Elvis a jato | 81 |
| Vou me ver no cinema | 96 |
| Coração de mãe | 106 |
| Blues do pracinha | 121 |
| A guarda do Rei | 129 |
| A volta do roqueiro | 150 |
| A grande aventura | 162 |
| O último rebolado | 174 |
| O efeito Elvis | 191 |
| Depois do Elvis | 203 |

## INTRODUÇÃO

Embora Elvis Presley tenha requebrado sua pélvis pela última vez no fim da década de 70, mesmo quem nasceu muito depois já deve ter ouvido falar dele. Deve ter ouvido coisas assim:

*Elvis e sua pélvis*

É, sim!

Elvis era tudo isso e muito mais. Porque, como a maioria das pessoas, ele não era nem cem por cento bom, nem cem por cento ruim! No entanto, ao contrário da maioria das pessoas, ele passou de um cara pobre de morrer a um cara podre de rico, apenas com os requebros da sua pélvis, e de ilustre desconhecido ao maior ídolo do rock de todos os tempos, e virou um astro do cinema de arrebentar bilheterias. Reinou absoluto por vinte anos e, passadas mais de duas décadas da sua morte, continua aparecendo nos jornais e revistas do mundo inteiro. Até hoje inspira um montão de astros e aspirantes a astro da música pop e ainda tem um exército de fãs que deixa muita gente roxa de inveja.

Este livro traz uma porção de informações quentíssimas e de dados devastadores sobre o incrível Rei do Rock: desvenda o segredo do seu célebre requebrado, revela por que

*Introdução*

as garotas encharcavam seus lencinhos assistindo aos seus filmes, e conta como ele deflagrou uma verdadeira rebelião com uma simples piada, por que botou 3 mil bolas de gude no camarim de um músico, quem eram seus heróis e como caiu do trono. Também explica por que ele estourava a tiros suas televisões durante acessos de raiva terríveis, fala das suas farras milionárias, da grana que torrava com pessoas que ele nunca tinha visto na vida, além das maluquices que os fãs e as fãs faziam por causa dele.

Você vai ter a ficha de alguns doidões da gangue do Elvis, a Máfia de Memphis, vai conhecer os parentes caipiras, algumas das centenas de namoradas, saber das pilantragens do seu empresário e derramar uma lágrima (pelo menos) ao descobrir o seu trágico segredo. Vai aprender também — tchã, tchã, tchã, tchã! — como ser o mais perfeito clone do Elvis, enquanto traça um dos seus lanches de arrebentar o bucho de qualquer um. E completando isso tudo, vai poder acompanhar a história do Rei do Rock segundo a versão do próprio, lendo o que Elvis deve ter escrito no seu lendário diário perdido. Então faça o seguinte: encomende uns mil *cheeseburgers*, calce um par de sapatos de camurça azul, caprichche no topete ou no rabo de cavalo e... Vamos chacoalhar, gente!

## A FAMÍLIA REPINICA

Elvis nasceu na madrugada gelada — às 4h35 da matina, precisamente — do dia 8 de janeiro de 1935, no barraco de madeira dos pais, na cidadezinha americana de East Tupelo, estado do Mississippi.

Ao contrário das chegadas triunfais de Elvis nos seus shows, sua chegada ao mundo foi bastante triste. A atmosfera em casa estava carregada, porque meia hora antes seu irmão gêmeo, Jessie, tinha nascido morto.

O tipo de barraco em que o Rei do Rock veio à luz, dois miseráveis cômodos, era conhecido no pedaço pelo apelido maldoso de "espingarda". Para construí-lo, seu pai, Vernon

Presley, tinha tomado emprestados 180 dólares do seu patrão, Orville Bean. E por que o barraco era conhecido como "espingarda"? Porque, se você desse um tiro de espingarda na entrada, a bala atravessava a porta da frente e saía direto pela porta dos fundos, sem encontrar nenhum obstáculo!

Por que os Presley moravam numa espingarda? Porque eram cartuchos? Não! Porque eram pobres, pobres, pobres, de marré, marré, marré, havia muitas gerações.

## Álbum de família caipira

Sabe-se atualmente um montão de coisas sobre a família do Elvis, porque, quando ele ficou famoso, um bando de curiosos e xeretas passou anos a fio trepando na árvore genealógica dele à cata do ancestral de quem ele teria adquirido os genes roqueiros. Trocando em miúdos, hoje em dia tem por aí um monte de gente que sabe mais sobre os antepassados do Elvis do que o próprio sabia! Aliás o pai dele, Vernon, sabia menos ainda do que o filho famoso de morrer. Quando um cara disse ao Vernon que o sobrenome dele era britânico, ele ficou boquiaberto! Nunca podia imaginar que alguém do seu sangue pudesse ter vindo de tão longe! Ele respondeu que achava que os Presley tinham surgido ali mesmo — quer dizer, nos Estados Unidos. Per-

*Elvis e sua pélvis*

cebe-se que história americana não era o forte do Vernon. Em todo caso, tinha tanto Presley em East Tupelo, onde Elvis nasceu, que das 26 crianças matriculadas na escola local TODAS se chamavam Presley!

Acho que vocês adorariam saber tudinho sobre a árvore genealógica do Elvis. É curiosa de morrer.

Só que não vai dar: falta espaço!

*A família Repinica*

Por isso só vamos falar dos ancestrais mais interessantes:

*Andrew Presley Junior (1754-1855)*

Andrew era um tatatatata... ravô do Elvis. Se você prestou atenção nas datas entre parênteses, notou que o Junior viveu 101 anos! Era filho de Andrew Presley Senior, que veio da Grã-Bretanha para os Estados Unidos em 1700 e alguma coisa e foi o primeiro Presley a pisar no Novo Mundo, que era o nome como chamavam a América naquela época. Andrew Junior lutou na Guerra de Independência americana contra os britânicos. Ele jurava que, numa das batalhas, as balas dos mosquetões dos Casacos Vermelhos (adivinhou: os ingleses) atravessaram seu casaco (azul) sem feri-lo. Vai ver que o Junior já sabia dar aquela mexida de pélvis que virou marca registrada do Elvis!

*Morning Dove (1800 ≃ 1835)*

Morning Dove era a tataravó do Elvis, a avó da bisavó. Sabe por que ela tinha esse nome fora do comum (vou tra-

*Elvis e sua pélvis*

duzi-lo para você: Pomba da Manhã)? Porque ela era índia da tribo Cherokee! Ela se casou com William Mansell, tataravô do Elvis. Naqueles tempos, os colonos europeus corriam o Novo Mundo buscando fortuna e, assim que a conseguiam — ou, simplesmente, assim que conseguiam se estabelecer em algum lugar —, queriam logo constituir uma família com a qual compartilhar suas posses. Só que não tinha mulher branca para tanto homem! Em compensação, indiazinha solteira era o que não faltava. Quer dizer, além de roubar as terras dos nativos, os pioneiros (era assim que se chamavam os europeus que foram estabelecer-se por lá) também roubavam suas mulheres. Por isso o Elvis era 1/32 índio. Aliás, certa vez ele representou o papel de um cara que era parte índio, parte branco: foi no filme *Estrela de fogo* (de 1960). Certos críticos dizem que foi seu melhor papel.

Os olhos azuis certamente não eram herança dessa tataravó. Será?

*A família Repinica*

*Minnie Mae Hood Presley (1893-1980)*
Minnie era a avó paterna do Elvis. Elvis chamava-a de vó "Esquiva", porque uma vez ele jogou um taco de beisebol na velha e ela se esquivou lindamente (mais um parente cheio de ginga!). Dizem que era uma mulher decidida e muito ativa. Foi morar com a família do Elvis quando se divorciou, em 1947. Minnie estava sempre de óculos escuros e vivia cheirando rapé — como cada cheirada é um espirro, ela devia viver espirrando: não é de admirar que o marido tenha pedido divórcio.

Ela sobreviveu ao Elvis e aos pais dele (o pai, não esqueça, era filho dela) e deu o último espirro, digo, suspiro aos 86 anos de idade.

*Jessie Presley (1896-1973)*
Jessie foi o marido de Minnie. Além de bonitão, parece que era da pá virada. E um pavão, ainda por cima: embora não tivesse um tostão furado, só usava roupas caras e chamativas. Tem gente que acha que foi desse avô que o Elvis herdou sua boa pinta.

*Elvis e sua pélvis*

### *Tio-avô Noah Presley* (datas desconhecidas)

Tio Noah era prefeito de Tupelo. Era ele que levava as crianças do vilarejo para a escola no seu ônibus. Também era dono do armazém de lá. Um dia, ele pôs a garotada de Tupelo em seu ônibus e levou todo mundo para visitar o zoológico de Memphis. Foi graças a essa excursão que Elvis conheceu a cidade em que um dia faria fama e fortuna.

### *Vernon Elvis Presley (1916-1979)*

Vernon tinha dezenove anos de idade quando seu filho Elvis nasceu. Assim como Elvis, Vernon também era conhecido como "rei": Rei da Dor nas Costas! Era assim que o pessoal do INSS local o chamava, porque ele vivia reclamando de dor nas costas para ser dispensado do trabalho e embolsar o auxílio-doença. Na verdade, Vernon fazia uma porção de bicos para sustentar a família, como os de operário rural, chofer de caminhão, operário de fábrica e leiteiro. Corria também o boato de que falsificava uísque para vender. Apesar de algumas biografias do Elvis dizerem coisas de arrepiar sobre seu pai, uma é certa: Vernon cuidava muito bem do Elvis e da Gladys (logo em seguida você vai saber quem ela é). Das

*A família Repinica*

muitas coisas que ele disse ao filho, uma das que mais ajudaram Elvis foi esta: "Nunca conheci um guitarrista que prestasse para nada". Mas pouco tempo depois de dizer isso, passou a ter uma vida de milionário, todinha bancada pelo filho que não prestava para nada!

*Gladys Love Smith (1912-1958)*

Gladys é a mãe do Elvis e o amava de todo o coração. Não admira que ela se chamasse *Love*, amor. Também vinha de uma família paupérrima. Entre outras coisas, era célebre por seu molho, seus biscoitos e suas batatas com creme de leite, para não falar em sua gentileza e sua correção. Ela também adorava cantar e dançar, principalmente o *buck and wing*, uma dança sapateada que fazia o maior sucesso na época. Gladys e Vernon  conheceram-se na igreja evangélica da cidade, tiveram um romance turbulento e em apenas oito semanas estavam casados. Gladys tinha 21 anos e Vernon, dezessete, mas

*Elvis e sua pélvis*

dizia ter 22. Para sustentar a família, quando Vernon estava desempregado, Gladys muitas vezes tinha de trabalhar fora, geralmente suando a blusa em pequenas fábricas de roupa.

### Tio Vester Presley (*datas desconhecidas*)

Vester era irmão de Vernon. Foi ele que ajudou o pai de Elvis a construir a tal "espingarda". Uma vez ele disse que ouvir o Elvis cantar chegava a lhe dar dor de dente. Quando ficou rico e famoso, Elvis deu ao tio o emprego de porteiro da sua mansão e uma camisa chiquérrima, de punho engomado e tudo, para ele usar quando estivesse em serviço. Às vezes Vester demorava um pouco demais para abrir o portão para Elvis, porque ou estava dormindo ou viajando por algum outro planeta, de tanto  tomar uísque falsificado. Então, para não incomodar seu querido tio, Elvis entrava com o portão fechado mesmo.

## TUPELO É UM ATROPELO

Depois da morte do recém-nascido gêmeo do Elvis, Gladys ficou com medo de que alguma coisa ruim acontecesse com ele, por isso sempre foi uma mãe superprotetora. Só que East Tupelo não era propriamente o ambiente ideal para se criar um filho com tranquilidade.

Naquele tempo, era uma cidade mais ou menos fantasma, cheia de todo tipo de imundices, muitas delas verdadeiras ameaças à saúde, como ratos do tamanho de gatos e baratas do tamanho de ratos, sem falar na tuberculose e nos tremendos incêndios que volta e meia consumiam os barracos de madeira. E, para tornar a vida verdadeiramente empolgante, na primavera e no começo do verão as terríveis colunas giratórias de ar, mais conhecidas como tornados, surgiam rugindo e causando o maior estrago por toda parte.

Sempre que parecia que um furacão estava por vir, Gladys agarrava o pequeno Elvis e corria com ele para o morro, onde se escondiam numa gruta até o tornado passar.

*Elvis e sua pélvis*

# O tornado de Tupelo

No dia 5 de abril de 1936, quando Elvis tinha apenas um ano e pouco, o maior de todos os tornados devastou Tupelo. Durou só cinco minutos, mas nesse pouco tempo despedaçou umas novecentas casas e outras construções, provocou uma série de incêndios, matou mais de duzentas pessoas e fez um número muitíssimo maior de feridos — sem falar no montão de galinhas que o vento depenou e de vacas que ficaram sem chifre. Depois que o tornado passou, as casas vizinhas da dos Presley e a igreja local, que ficava do outro lado da estrada, tinham virado entulho. Mas o incrível é que a "espingarda" da Gladys e do Vernon continuava de pé!

Anos depois, Gladys contou ter sacado, naquele instante, que Deus — que, como todo mundo sabe, curte um som

bem quente — poupou Elvis deliberadamente do tornado, a fim de preservá-lo para um grande futuro.

Gladys não foi a única a acreditar que Elvis deve ter sido "eleito" para um destino grandioso. Numa entrevista a um jornal, no fim da década de 50, Vernon disse que percebeu alguma coisa "especial" em seu filho logo que o Elvis nasceu. Ele viu uma luz estranha, azulada e ofuscante, girando perto do barraco na hora do parto. (Bom, pode ter sido aquela luz giratória dos carros de polícia: não seria a primeira vez que a cana vinha atrás dele.)

## Sujando a barra

Em 1937, quando Elvis ainda era uma criancinha, Vernon recebeu uma visita dos tiras por ter feito uma coisa muito feia. Ele vendeu um porco para seu patrão, Orville Bean, depois falsificou o valor do cheque (para mais, é claro) que recebera em pagamento. Quando Vernon e dois amigos tentaram descontar o cheque, foram presos e condenados a três anos de xilindró.

Por sorte, Vernon foi solto oito meses depois, mas, enquanto ele estava em cana, Gladys passou pelo maior aperto, porque o tal do Bean despejou a ela e ao pequeno Elvis

*Elvis e sua pélvis*

da "espingarda" onde moravam. Tiveram de ir morar com um primo dela, que mais tarde lembrou que o pequeno Elvis costumava sentar-se no portão e chorar porque o pai não voltava. Ah! A prisão em que Vernon estava ficava longe de Tupelo, de modo que quando Gladys e Elvis queriam visitá-lo, tinham de enfrentar uma viagem de horas e horas de ônibus.

Quando Vernon finalmente saiu de cana, fez tudo que é tipo de serviço — trabalhou até na construção de uma prisão! —, mas nos anos seguintes mudaram sem parar de uma casa alugada para outra, e deviam dinheiro para Deus e o mundo. Cada vez que ouvia os pais discutirem seus problemas financeiros, Elvis ficava muito perturbado, até que um dia resolveu: daria um jeito naquilo.

*Tupelo é um atropelo*

## DIÁRIO PERDIDO DO ELVIS (6-7 anos)

### Setembro de 1941

Hoje eu foi na excola pela primeira veis. Mamãe me levou para que us garotos mais grandes não batesse ni mim. Mas antes ela limpou minhas orelha, minha cara e meu pescoço com o çabão especial dela que ela faz. Si chama East Tupelo. O grupo excolar, não o çabão da minha mãe. Mamãe disse preu num mi esquecer de mostrar bons modu quando falar cum us professores e cum us adultos. É preu dizer "Sim, sinhô! Não, sinhô!" e "Sim, sinhora! Não, sinhora!" u tempo todo.

### Fevereiro de 1942

eu → brilho brilho

Agora já estou lendo e escrevendo muinto melhor. É a escola. Mamãe dice que tenho que trabalhar duro aqui. Meu melhor amigo si chama James Ausborn. Mora perto da escola. O ermão mais velho dele é um cantor famoso nu rádio. Ele é muito legau! Hoge eu e o James fez um carro com uma caicha de maçã de madeira, que a gente dirigia brincando que a gente era uns caras rico que mandava us pobre pra prizão. Eu e o James fomo pescar no rio, mas mamãe ficou braba. Ela tinha medo que eu ia cair na água e

MAÇÃS
NOSSO CARRO

*Elvis e sua pélvis*

> me afogar. Porque não sei nadá. Quem sabe consigo aprender. Mamãe tá sempre preocupada comigo. Vive dizendo que é pra eu num tomar sol. Mas como é que não vou tomar sol, se tô sempre na rua?!
>
> <u>Abril de 1942</u> Fui na igreja. Eu, mamãe e papai vamos sempre na igreja agradecer ao Senhor. Hoge cantamos juntos pras pessoas que estavam lá. Pareciam muinto contentes e foi mesmo muinto legal. Adoro cantar... Me faz sentir tão bem.

Elvis cresceu com a ideia de fazer as pessoas do mundo inteiro se sentirem felizes quando o ouvissem cantar. Resultado: foi idolatrado por milhões e milhões de pessoas nos quatro cantos da terra. Mas como todo ídolo, ele também tinha os dele.

## ÍDOLOS DO ÍDOLO: MISSISSIPPI SLIM

Mississippi Slim era o irmão mais velho do James Ausborn, aquele colega de escola do Elvis. Slim tinha um programa diário de música e humorismo na rádio de Tupelo. O verdadeiro nome de Slim era Carvel Lee Ausborn. Ele não era famoso de morrer, mas era famoso o bastante para receber um caminhão de cartas de fãs. Para o garoto Elvis, conhecer Slim deve

*Tupelo é um atropelo*

ter sido como seria para você conhecer alguém tão famoso quanto o... o... Elvis Presley!

Elvis vivia dizendo para o James que eles deviam ir ver o irmão dele na emissora, para que ele conhecesse pessoalmente o Slim, um cara gaiato de morrer. (Sim, além de cantor caipira, ele era um humorista caipira de primeira.) As visitas que eles fizeram ao estúdio deram a Elvis o primeiro gostinho da vida de artista. E ele adorou o sabor!

Em 1944, quando já tinha nove anos, Elvis foi cantar no programa do Slim, e seu ídolo o acompanhou à guitarra! Slim também deu ao Elvis algumas dicas básicas sobre como tocar o instrumento, tipo posição dos dedos, dedilhado, essas coisas.

Elvis vivia cantarolando e assobiando as músicas country que ouvia no rádio e os cantos gospel que ouvia na igreja. Mas não se limitava a cantar para si mesmo: cantava também em casa, na igreja, na escola... E cantava tão bem que sua professora, a srta. Grimes, teve uma ideia que valeu a ele seu primeiro sucesso.

*Elvis e sua pélvis*

## VENHA SE DIVERTIR NA
## FEIRA DO
## MISSISSIPPI – ALABAMA

TUPELO: TERÇA (DIA 2) A SÁBADO (DIA 6) DE OUTUBRO DE 1945

Você pediu, nós providenciamos!

**CORRIDA DE CARROÇA! RODEIO! PALHAÇOS! BRIGA DE GALOS! CONCURSO DE MISS TUPELO! CONCURSO DE VACA LEITEIRA!**

QUARTA (DIA 3) — DIA DAS CRIANÇAS

Com um concurso de calouros no rádio. Prêmios oferecidos pela **WELO**, nossa estação local. No estande central, 2 mil lugares sentados!

> ISSO ME DEU UMA IDEIA!

E não se esqueça do nosso PARQUE DE DIVERSÕES

**RODA-GIGANTE! POLVO! CHIC[...]! CASA MAL-ASSOMBRADA! TIRO [...] LANTERNA MÁGICA! MONSTROS! E MUITO MAIS...**

---

### DIÁRIO PERDIDO DO ELVIS (10 anos)

**15 de setembro de 1945**

Estou excitadíssimo, porque o parque de diversões vai chegar aqui logo, logo aqui, com circo e tudo. Não consigo mais esperar! É a melhor coisa que acontece aqui em Tupelo. E vai ficar na cidade por cinco dias! Hmm... já tô até sentindo o cheiro de algodão-doce, das salxixas sendo grelhadas para o cachorro-quente.

*Tupelo é um atropelo*

E ouvindo o ronco dos baita motores dos brinquedos, a gritaria dos caras chamando o pessoal para assistir aos espetáculos. Só tem um problema. Custa uma nota preta para entrar. E eu não tenho um tusta! Vou precisar pular a cerca, que nem no ano passado... E no ano antes do ano passado. Mas não vou perder a festa de geito maneira! Um dia juro que pulo num caminhão daqueles e vou embora com eles! Depois... Não, mamãe e papai iam ficar muinto tristes si eu fizesse isso! E eu não quero deixar eles tristes de geito maneira!

### 28 de setembro

Estou nervosíssimo com uma coisa que a srta. Grimes disse pra mim. Ela me inscreveu no concurso de calouros para crianças que vai ter na Feira! Ela acha que eu canto superbem. Vou ter que ficar ali na frente daquela gente toda e soltar a voz! É mole? Tomara que dê tudo certo. Acho que vou cantar "Old shep". Fala de um caxorro que salva um garoto de se afogar, mas o ~~cachorro~~ caxorro pifa e o garoto tem que matar ele.

O garoto diz que preferia que matassem ele em vez dele precisar matar o caxorro. Já cantei ela antes, os professores ficaram muito tristes e até choraram. Ei! Cabei de pensar num troço! Se vou cantar no concurso, quer dizer que vou entrar no parque sem ter que pular a cerca!

<u>3 de outubro</u>
Hoje foi um grande dia. Porque ganhei um prêmio no concurso de calouros. Subi no parco e cantei naquele microfonão, e tinha um montão de gente me vendo, e quando acabei eles quase rebentaram a mão de tanto bater palma! Principalmente a mãe e o pai. Eles ficaram com a mão toda inchada! Mas não ganhei o primeiro prêmio, não. Outra guria da escola, chamada Shirley Jones, é que ganhou. Mas ganhei cinco dólares e entrada livre na autopista e em todas as outras coisas o dia todo. Só por ter cantado uma musiquinha velha! Gostei!
Vou cantar mais, quer saber?

## ÍDOLOS DO ÍDOLO: CAPITÃO MARVEL

Quando Elvis era pequeno (e até mais grandinho!), lia e colecionava quadrinhos de super-heróis. Seus gibis favoritos eram os do Batman, Super-Homem, Spirit e... o Homem-Borracha! (Não vá dizer que você nunca ouviu falar dele!) Mas o favorito do Elvis era o Capitão Marvel, que com sua capa saía voando

*Tupelo é um atropelo*

para as mais movimentadas e arriscadas aventuras.

A infância do Elvis foi cheia daqueles problemas que as pessoas pobres sempre enfrentam, mas o seu pai, ao contrário dos super-heróis do Elvis, não era muito capaz de resolvê-los. Vai ver que é por isso que o fabuloso Capitão Marvel, com seus punhos erguidos, um mais acima, o outro mais abaixo, era muito mais o modelo do cara que Elvis gostaria de ser do que Vernon Presley, que em vez de gritar: "Shazam!", vivia gemendo: "Ai, que dor nas costas! Preciso descansar um minutinho!".

Elvis era tão fã do "homem mais rápido do mundo" que: a) quando ficou rico, mandou pintar na cauda do seu jatinho particular o raio e a capa desse super-herói; b) tinha esses mesmos símbolos gravados nas joias que ele e sua turma usavam; c) assim como seu ídolo, vivia tirando as pessoas do sufoco, mesmo aqueles que ele nem conhecia, dando dinheiro, carros e até casas; e d) mesmo mais velho, Elvis adorava usar capa!

*Elvis e sua pélvis*

## DIÁRIO PERDIDO DO ELVIS (11-13 anos)

### Janeiro de 1946

Hoje estou doente. Queria uma bicicleta de aniversário, mas mamãe disse que não. Ela cismou como sempre que podia acontecer alguma coisa comigo, tipo eu cair da bicicleta e me machucar. Daí que ganhei um violão. Com ele eu não ia me machucar, ela falou. Até que gostei do presente. Agora preciso ter umas lições. Teve outro tornado em Tupelo ontem. Meteu o maior medo na gente.

### Março de 1946

Fui ao cinema com papai. Mas tivemos que ir em segredo, porque nossa igreja, a Primeira Assembleia de Deus, não gosta que a gente vá ao cinema. Nem que a gente dance! Diz que ver filme é pecado! Mas é que eu adoro cinema! Ninguém é pobre, ninguém mora nuns lugares horríveis, ninguém fica mandando você fazer o que você não quer... só tem casas bonitas, carrões, só isso. E as pessoas rindo e cantando. Com umas madames bonitas se divertindo, enquanto uns caras boas-pintas fazem coisas heroicas.
Eu daria tudo para ser artista de cinema.

*Tupelo é um atropelo*

### Maio de 1946
Papai me deixou dirigir nossa lata-velha de novo. Adoro dirigir.

eu!

### Outubro de 1947
Andei levando meu violão pra escola. Nos intervalos e na hora do recreio a gente às vezes desce para o porão. Eu e um garoto chamado Billy Welch cantamos e tocamos violão ali, e os outros ficam em volta ouvindo. Isso me faz sentir um cara especial!

### Outubro de 1948
Outro dia na escola uns garotos barras-pesadas tomaram meu violão. E arrebentaram as cordas! Fiquei arrasado! Por que fizeram isso? Vai ver que odeiam minha música! Mas sabe o que aconteceu? Outros garotos logo trouxeram cordas novas pra mim! Vai ver que eles gostam da minha música! Acho que tem uns caras que são ruins mesmo, mas outros são bem legais. Mamãe disse que vamos mudar de cidade logo mais. Pois é, de novo! (Já perdi a conta de quantas vezes mudamos de casa.) Ela disse que a gente ia cair fora, porque papai não conseguia emprego aqui também. A gente está quebrado. Grande novidade...

## 5 de novembro

Hoje dei uma espécie de concerto de despedida na escola. No fim, aquele garoto chamado Leroy veio me ver e disse: "Elvis, você ainda vai ser famoso!". Então eu disse: "Tomara!". E, quer saber? Vou mesmo! Não posso escrever mais porque papai tá gritando pra eu ir ajudar a botar nossas tralhas no velho Plymouth.

## 6 de novembro

Saímos de Tupelo ontem de noite. Pois é. Minha vida e meus amigos lá, babau! Agora estamos aqui, em Memphis. É uma cidade grande, enorme! Até me assusta um pouco. Estamos no nosso apartamento novo, que eu odeio!

Tem um cômodo só, pra tudo: cozinhar, dormir, ficar... Multiuso. Tem um banheiro lá embaixo no corredor, que a gente divide com mais dezesseis famílias! As crianças delas fazem uma sujeira danada, daí que o banheiro tá sempre fedendo! Vi uns ratos andando por lá. Do tamanho de um bebê! Que chiqueiro! Bom, tenho que ver o lado bom daqui. Quem sabe a mudança pra cá não vai trazer uma boa coisa, um dia...

## O BOOGIE DA BEALE STREET

Muita gente considera que a ida dos Presley para Memphis, em 1948, foi o acontecimento que mudou a vida do garoto Elvis, então com treze anos. Por quê? Bem, ele tinha de ir para uma nova escola, não tinha? Essa nova escola se chamava Humes High, onde ele ingressou em setembro de 1948. Porém, mais importante ainda que a nova escola, era que Memphis era a capital musical do estado do Tennessee. A cidade fervia com todo tipo de música.

Desde a década de 20, Memphis era a terra do blues e, quando Elvis chegou lá, grandes cantores como B. B. King, Howlin' Wolf e Arthur Big Boy Crudup enchiam a cidade de ótimas canções.

\* GRANDÃO

*Elvis e sua pélvis*

Também tinha muita música caipira, que Elvis escutava na rádio local, para não falar nas sessões de gospel, que se realizavam todas as noites bem na rua em que ele morava. Sim, Memphis era o lugar perfeito para um cara transbordante de talento como ele.

*O boogie da Beale Street*

## 1951
Como estou aproveitando essa cidade! Principalmente a Beale Street, com todo o gospel e o blues que rolam por lá. Sem falar nos caras pra-frente, que compram suas roupas da hora numa loja chamada Lansky's. Vou comprar uma pra mim também.

## Agosto de 1952
Tentei entrar para o time de futebol americano da escola, mas o técnico me barrou por causa do meu cabelão. Tem gente que não entende nada de moda!

CARA PRA-FRENTE
ROUPA DA HORA

## 1952
Outro dia, na Beale Street, encontrei o cara mais legal que já conheci! O nome dele é B. B. King. Ele é guitarrista de blues. Se eu tocasse tão bem quanto ele, seria o cara mais feliz de Memphis. Mas como ele é dez anos mais velho que eu, acho que ainda tenho tempo pra aprender.

## Setembro de 1952
Os outros garotos continuam implicando com o meu visual. Quando me veem na rua, gritam: "Lá vai o esquilo!", por causa do meu cabelo. Arranjei outra namorada, que se chama Billie. Ela é o meu colírio. Outro dia, fui com ela ver de noite um filme com o Tony Curtis. Que máximo, o cara!

*Elvis e sua pélvis*

# ÍDOLOS DO ÍDOLO: TONY CURTIS

Tony Curtis era um jovem galã e seu cabelo era O cabelo!

Tony fazia o maior sucesso no fim da década de 40 e começo dos anos 50, representando papéis de delinquente juvenil, um tipo que começava a proliferar nos Estados Unidos da época, causando grande apreensão. Também trabalhou em filmes de aventuras do gênero de *O filho de Ali Babá*. Elvis e sua mãe adoravam ver Tony gingar na tela, e sempre comentavam como seus cabelos negros e crespos iam bem com seus olhos azuis. Foi daí que Elvis tirou a ideia de pintar seu cabelo castanho-claro de preto, para combinar com os olhos, também azuis.

Anos depois, quando já era um astro do cinema, Elvis encontrou Tony num estúdio cinematográfico de Hollywood. Começaram a bater papo e, como Elvis só o chamava de "mister Curtis", Tony disse: "Não precisa me chamar de mister Curtis. Pode me chamar de Tony. Senão, como é que eu vou chamar você?". Elvis rebateu na lata: "Pode me chamar de mister Presley!". Ha ha ha... Era um gozador, não era?

*O boogie da Beale Street*

# Que topete!

**1.** Quando adolescente, Elvis usava tudo o que encontrava para tornar o cabelo mais escuro. Dizem que passou até graxa de sapato para conseguir a tonalidade do Tony.

**2.** Elvis usava costeletas enormes, estilo chofer de caminhão, como ele gostava de dizer. Bem, ele foi mesmo chofer de caminhão, um tempo. Ele é que não ia usar um cabelo tipo neurocirurgião ou monge budista...

**3.** Uma vez, quando começou num novo emprego, a chefe do Elvis ficou embasbacada com seu cabelo e disse que ele parecia "um cafajeste"! Ela ficou tão chocada com aquele visual que até mandou o Elvis ao seu cabelereiro (o dela, de mulheres) para darem um jeito.

*Elvis e sua pélvis*

**4.** Elvis às vezes usava três tipos de produtos para o cabelo. O primeiro para a parte de trás; o segundo para o meio e...

Ops, desculpe, entrou a letra de "Blue suede shoes"... Continuando: e o terceiro para a frente. Esses produtos incluíam vaselina, loção capilar de óleo de rosas e uma cera que você não passaria nem no carro do seu pai, mas que era o que ele usava no topete, para que ele balançasse, balançasse, daquele jeito tão natural, quando ele se apresentava, mas não caísse.

**5.** Entre 1960 e 1970, o cabelo do Elvis às vezes perdeu seu ar vivo, fofo, e chegou a parecer um capacete de plástico. Depois de assistir a um filme dele, uma crítica maldosa disse que o cabelo do Elvis parecia...

\* Três pra ficar pronto, vai, cara, vai!

*O boogie da Beale Street*

**6.** Quando Elvis ficou famoso, seu cabelo foi posto no seguro por 1 milhão de dólares. Cautela e canja de galinha não fazem mal a ninguém: já pensaram o Elvis balançando a careca para os fãs?

## Garotas, garotas, garotas

Com os efeitos especiais no cabelo, os modos educados e a boa pinta, Elvis foi fazendo cada vez mais sucesso com as garotas. Nem é preciso dizer que, quando ficou famoso, milhões delas caíram doidinhas por ele. Algumas pessoas dizem que teve *milhares* de namoradas ao longo da vida, se computadas as que só duraram um tempinho. Por isso, neste velho caderninho que você vai conhecer agora, só deu para registrar a história de algumas garotas que foram...

### A GAROTA DA VEZ: BILLIE WARDLAW

Billie era vizinha de Elvis em Memphis. Ela foi uma das suas primeiras namoradas. Uma vez, ela e a mãe viram-no sentado do lado de fora, no escuro, cantando e tocando violão. A sra. Wardlaw disse-lhe que ele merecia

*Elvis e sua pélvis*

> estar no rádio. Ele respondeu que *não sabia* cantar (quanta modéstia!). Billie descobriu que, além de ser um grande cantor, Elvis também era um grande beijador. Certa vez, encontrando uma foto de outro garoto na mochila da Billie, Elvis ficou uma fera e fez a maior cena, de tanto ciúme. E quando, um dia, ela acabou trocando-o por um marujo, ele ficou desconsolado.

## O Sun Studio

*"Um balanço quente para chacoalhar o ambiente"*

No início dos anos 50, a música popular americana estava cheia de canções sentimentais interpretadas por artistas que seus bisavós e avós na certa ouviram muito, como Frank Sinatra, Bing Crosby, Dean Martin, Doris Day e Perry Como. O estilo deles era geralmente conhecido como *"crooning"*, aquele estilo da voz aveludada acompanhada por violinos melosos, o que o pessoal hoje chama de música romântica. Pois é! Mas os jovens já estavam cansados desse estilo; eles precisavam de um cantor novo, que sacudisse o mofo e botasse para quebrar!

*O boogie da Beale Street*

Só destoava dessa moda um cantor chamado Johnnie Ray, que tinha um sucesso chamado "Cry", chore, e que seguia à risca o que o título mandava, chorando e soluçando copiosamente no palco ao cantá-la. Ninguém nunca conseguiu descobrir o que deixava o Johnnie tão transtornado assim. Em todo caso, fora ele, não havia nada que pudesse interessar, em matéria de música, à nova geração de adolescentes, que tinha grana para comprar discos, mas não tinha discos para comprar.

A única música "quente" à disposição era a que estava sendo feita pelos músicos negros — aliás, havia pelo menos trinta anos que eles a faziam, mas eram praticamente ignorados por todos os brancos do país, porque, naquele tempo, os Estados Unidos eram um país tremendamente racista! Alguns estados do Sul eram tão racistas que, por exemplo, se uma ambulância vazia para brancos cruzasse na rua com um negro necessitando de socorro urgente, não parava para socorrê-lo! Por sinal, todos os bons discos de *rhythm and blues*, gospel, blues e jazz, ignorados pelos americanos brancos, eram até chamados de discos "raciais", porque se destinavam a ser comprados e ouvidos apenas pelos americanos negros.

Sam Phillips era um dos poucos brancos que curtiam a música negra. Tanto que montou um estúdio em Memphis para gravá-la. Entre os discos que gravou está o que é tido como o primeiro disco de rock, que trazia a música "Rocket

*Elvis e sua pélvis*

88", com Jackie Brenston. Alguns dos melhores músicos negros dos Estados Unidos praticamente acampavam na porta do estúdio de Sam, e o resultado é que ele gravou um monte de discos sensacionais. Mas, desgraçadamente, por causa do racismo, só conseguia vendê-los para os negros! Sam sabia perfeitamente que, se achasse um cantor branco capaz de cantar naquele maravilhoso estilo negro, ia ganhar milhões de dólares. O que ele não sabia era que a pessoa que procurava estava, naquele exato momento, pensando em dar um pulo no estúdio dele!

---

**DIÁRIO PERDIDO DO ELVIS** (18 anos)

**3 de junho de 1953**

Terminei o colégio hoje. Tô formado. Depois fui à agência de emprego e arranjei um trabalho na Parker Machinists. São 33 pilas por semana. Começo amanhã! Oba, agora sou homem-feito!

**14 de julho**

Pedi ao patrão quatro pilas para gravar um disco* lá no Sun Studio. Queria ouvir minha voz gravada, para ter uma ideia de como é que eu sou cantando minhas músicas. Quem sabe até ganho uma graninha com elas...

**15 de julho**

Andei ensaiando a gravação... Cá entre mim e você, caro diário, o que eu quero mesmo é que os caras do Sun me ouçam e

---

* Naquele tempo ninguém tinha gravador em casa, de modo que para você se ouvir, tinha de ir a um estúdio gravar um disco.

*O boogie da Beale Street*

achem o máximo. Depois que me peçam para ser artista da casa. Será que é pedir demais? Acho que vou dizer pra eles que o disco é presente de aniversário pra minha mãe... Só pra eu não ficar com cara de tacho.

18 de julho
Estive no Sun Studio e gravei meu disco. Levei uma ideia com uma dona que tava lá. Parece que ela gostou... Acho...

*Elvis e sua pélvis*

## DIÁRIO PERDIDO DO ELVIS (18 anos)

### 19 de julho de 1953

Toquei meu disco para o pai e para a mãe. Eles disseram que gostaram muito. Depois mostrei pra o meu amigo Ed. Ele disse que gostou. Será que é verdade?

### Setembro de 1953

Arranjei trabalho de chofer de caminhão. Mas nem notícia do Sun Studio. É... vai ver que eu estava querendo demais...

Elvis estava ansioso por ter notícias do Sun Studio. Mas eles não davam nenhuma! Volta e meia zanzava em frente do estúdio, e até apareceu para gravar outro disco, mas não conseguiu. Passava o resto do tempo dirigindo o caminhão, encontrando-se com as meninas — antes de arrumar uma namorada "firme", chamada Dixie Locke —, indo ao cinema e ouvindo música da sua discoteca pessoal, que não parava de crescer. Então, no dia 26 de junho de 1954, mais de um ano após ter gravado seu primeiro disco particular de quatro dólares, recebeu um telefonema do Sun Studio, pedindo-lhe que fosse lá cantar umas músicas. Ele saiu que nem um corisco. Anos depois, Marion, a gerente do estúdio, lembrou que, mal ela desligou, ele apareceu como por milagre, quase botando os bofes para fora.

*Elvis e sua pélvis*

Ele cantou um pouquinho, e o Sam disse-lhe para voltar para sua primeira gravação oficial no dia 5 de julho — dia que mudaria a vida do Elvis para sempre!

---

☼ **DIÁRIO PERDIDO DO ELVIS** (19 anos)

**5 de julho de 1954**

Que calorão tá fazendo hoje! Está 38 graus lá fora! Puf! Fui ao estúdio do seu Phillips fazer a minha primeira gravação <u>pra valer!</u> Vesti minha melhor camisa cor-de-rosa, calça preta com uma lista rosa do lado e sapato branco. Bom visual é importante! Primeiro cantei "Harbor lights", mas seu Phillips não se impressionou muito. Aí fiquei nervoso <u>pra caramba</u> (o que não ajudou nada!). Fizemos uma pausa pra tomar uma Coca, e enquanto seu Phillips estava fora da sala, aquela canção pipocou na minha cabeça. Aí eu, o Bill e o Scotty começamos a brincar com ela. Era "That's all right mama", que eu tinha aprendido com o Big Boy Crudup lá na Beale Street. De repente seu Phillips enfiou a cabeça na sala e berrou: "Que que é isso?". Dessa vez ele parecia impressionado. "Repitam!", mandou. Aí repetimos. E ele abriu um BAITA sorriso.

10 de julho

Cara! Nem posso acreditar! Eles vão tocar minha gravação esta noite! NO RÁDIO! É! "That's all right mama", com Elvis Presley (eu!) vai ser ouvido por milhares de pessoas em toda Memphis! Mas Elvis Presley não vai estar lá pra ouvir! Porque tô tãããããããããããão nervoso que vou me esconder no escurinho do cinema! Mas botei o rádio na estação WHBQ, e pedi pra mãe e o pai ouvirem por mim.

11 de julho

Será que isso está acontecendo mesmo? Ontem à noite eu estava escondido no cinema ROENDO MINHAS UNHAS e pensando no que será que estava acontecendo com a minha gravação, quando mamãe e papai pintaram por lá. "Que que houve, mãe?", perguntei. "Nada de ruim, filho!", ela respondeu. "É que eles querem que você apareça lá na rádio!" Aí eles me arrancaram da cadeira e me arrastaram até a rádio. Por quê? Porque todo mundo ficou louco com A MINHA GRAVAÇÃO! Mal ela acabou de tocar, o que não parou de tocar foi o telefone, com gente pedindo pra tocar outra vez! E outra! E mais outra! Mais outra vez! E tocaram mesmo! Catorze vezes!

*Elvis e sua pélvis*

Sem parar. Quando meus pais finalmente chegaram comigo no estúdio, todo mundo queria me cumprimentar. Dewey, o locutor, percebeu que eu estava morrendo de medo, então disse que a gente só ia bater um papinho, enquanto o disco tocava. Quando a entrevista fosse começar ele ia me avisar. Fez umas perguntas sobre a minha música, em que escola eu estudava... Afinal eu perguntei: "Quando é que você vai me entrevistar?". E ele respondeu: "Já entrevistei! Os microfones estavam ligados enquanto a gente conversava!". E aí eu comecei a suar frio, até ensopar a camisa! Desgraçado! Me enrolou! Mas, quer saber, acho que foi melhor assim!

### 20 de julho

Nem dá pra acreditar! Parece sonho! Meu disco tá vendendo aos montões nas lojas! As gatinhas me param na rua pedindo autógrafo!! (Será que a Dixie vai ficar com ciúme?)

Deus, olha só: cê sabe que eu sou um

> bom rapaz, que eu amo minha mãe e não faço mal a ninguém, não sabe? Então, Senhor, faça esse sonho continuar e, pelo amor de Deus, faça de mim alguém tão famoso quanto a mãe disse que eu ia ser! E assim que eu puder vou comprar pra ela e pro pai a casona que eu sempre prometi! E pra mim vou comprar um CADILLAC novinho em folha!

## Elvislogia

- Eldene Beard foi a primeira pessoa a comprar um disco do Elvis! Às nove da manhã do dia 19 de julho de 1954, ela correu para a Charles Records na Main Street de Memphis e comprou *That's all right mama* (e quinze pares de tampões de ouvido).
- *That's all right mama* dura 1min53. Mais ou menos um minuto depois de começar, Elvis começa a cantar uma letra sem pé nem cabeça. Não, ele não se atrapalhou: é exatamente o que Arthur Crudup faz no original.
- Por causa do preconceito racial que havia nos estados sulistas, como o Tennessee e o Mississippi, as crianças negras e brancas iam a escolas diferentes. Perguntar ao Elvis em que escola ele estudava foi uma maneira indireta que o locutor Dewey arrumou para que os ouvintes da rádio soubessem que Elvis era branco. Ele cantava no estilo "negro", mas se os ouvintes brancos pensassem um só instante que ele era negro, não comprariam seu disco. Que absurdo, não?

*Elvis e sua pélvis*

## A GAROTA DA VEZ: DIXIE LOCKE

Dixie fazia parte do mesmo grupo de estudo da Bíblia que Elvis, na igreja local, e dizia que Deus devia ser muito importante para ele, pela maneira como ele rezava. (Será que ele rezava requebrando?) Mas foi no rinque de patinação da cidade que o namoro começou. Elvis estava de casaco de toureiro, camisa franzida e calça preta justérrima, com uma lista rosa do lado. Dixie adorou aquele visual. Conversaram, comeram um hambúrguer com milk-shake no carro dele... E deram uns amassos. Saíram juntos por uns dois anos e já estavam pensando em se casar, mas Elvis começou a ficar famoso e, enquanto estava em turnê, cada vez mais famoso, deu uns amassos num montão de outras minas. Moral da história: Dixie se casou com outro.

## O caminho da fama

"That's all right mama" foi um grande sucesso para Elvis. Mas só na sua região. Num país enorme como os Estados Unidos, com milhares de rádios locais, cada qual com sua parada de sucessos, e um sem-fim de lojas de discos, não era fácil emplacar um sucesso nacional na década de 50. Por isso, embora ele estivesse se tornando famoso nos estados do Sul, pouquíssima gente tinha ouvido falar dele em lugares mais distantes, como...

*Vai fundo!*

Mas, a cada dia que passava, mais jovens falavam a um número cada vez maior de amigos sobre a nova sensação da música que se apresentava no Tennessee e nos estados vizinhos, fosse em estádios, danceterias ou bailinhos — os chamados "arrasta-meias", porque o pessoal tirava os sapatos e dançava de meia, para não estragar o assoalho da quadra das escolas. E, claro, não ia demorar muito para que chegasse aos jornais o nome do rapaz que estava rasgando as meias da maioria dos adolescentes do Sul.

*Elvis e sua pélvis*

# DIÁRIO DE JACKSONVILLE

14 de maio de 1955

## CANTOR DE PERNAS DE BORRACHA CAUSA TUMULTO NA CIDADE!

Na noite passada, um cantor praticamente desconhecido provocou um gigantesco tumulto na Gator Bowl, aqui na nossa pacata Jacksonville. Elvis Aaron Presley, 20, de Memphis, Tennessee, foi o causador da agitação. Billie Jo Pom Poms, 17, contou-nos o que aconteceu: "Já tínhamos ouvido falar do Elvis, mas nunca o tínhamos visto. Nossa! Que emoção! Como canta! Que gingado! Ele é o MÁXIMO! Olhe isto aqui... Um botão da camisa dele! Não é lindo!? Pode pegar um pouquinho, se quiser!".

Já o reverendo Elijah Rosnaphort, 103, não ficou tão entusiasmado assim. Quando lhe perguntamos o que ele achava do jovem requebrador, o reverendo subiu no púlpito

e soltou o verbo: "Foi o Demônio que enviou esse degenerado para roubar nossos filhos! Tapemos os ouvidos dos nossos jovens e tranquemo-los em casa a sete chaves, antes que seja tarde demais!".

COMO TUDO COMEÇOU

Wayne Bob In Veggia, 16, contou-nos que, "quando aquele cara incrível terminou sua última canção, todos estávamos enlouquecidos! Todos os 14 mil jovens que estavam ali! Quando ele ia saindo do palco, inclinou-se para o microfone e disse com uma voz macia, dando mais umas mexidas de quadris, numa espécie de suspiro: 'Meninas, espero vocês *todas* nos camarins!'. E não é que as tchutchucas acreditaram! Dez mil garotas aos berros partiram para cima dele e encurralaram o cara. E rasgaram a roupa dele em pedacinhos! Tudo o que eu queria é estar na pele do Elvis! Cara de sorte!".

O xerife Hank O'Cana disse: "Quando finalmente controlamos o tumulto, encontramos Elvis Presley encolhido em cima de uma das cabines de banho. Sua camisa cor-de-rosa e seu paletó estavam em farrapos, e ele coberto de hematomas e batom. Levaram até os sapatos e as meias do rapaz! As meninas pareciam feras desembestadas!".

Vernon Presley, o pai de Elvis, confessou: "Achei que iam matar meu garoto! E olhem só o que fizeram no Cadillac dele!".

Nosso comentário: aqui na redação temos a impressão de que ainda não vimos nada! O jovem Elvis Presley vai ser grande, grande, grande!

*Elvis e sua pélvis*

## *Vibração em cadeia*

Desde guri, Elvis tinha o tique nervoso de mexer a perna. Fazia isso para gastar seu excesso de energia. Quando subia no palco, a vibração da perna parecia natural, principalmente quando ele recuava do microfone para os músicos da banda solarem. Mas a reação que sua perna vibratória causava era sensacional. Cada vez que Elvis a mexia, o público ia à loucura! No começo ele não entendia o que estava acontecendo. Chegou até a pensar que o público berrava para debochar dele! Mas seu esperto empresário logo sacou o fenomenal poder contagiante da perna vibratória e aconselhou Elvis a vibrá-la o máximo que pudesse! Elvis percebeu que ele tinha toda a razão. Como ele próprio disse:

Num instantinho ele criou uma porção de outras maneiras sutis e contagiantes de levar o público a um delírio cada vez mais incontrolável. Por exemplo: tirava o chiclete da boca no meio da apresentação e jogava na plateia. Aquilo provocava combustão instantânea no público, todo mundo se engalfinhando para pegar a lembrança cuspida. Que loucura, não? (Já pensaram se, em vez de chiclete, ele jogasse uma meleca bem catarrenta na plateia?)

*Vai fundo!*

## Rock caipira

A música de Elvis era uma mistura de tudo o que ele vinha ouvindo desde criancinha: blues, gospel, *country and western* e outras coisas assim. Mas, como tudo o que é novo ou um pouco diferente, muita gente não tinha a menor ideia de como considerar sua música.

Aquela nova música que Elvis e uns poucos músicos vinham fazendo acabou sendo conhecida como *rockabilly* (digamos: rock caipira). O empresário do Elvis apelidou-o de Hillbilly Cat, gato caipira. Caipira, por sua raiz caipira, que dúvida; e gato, pelo seu estilo miado, sensual, herdado da música negra. Mas ele não ia continuar sendo chamado de Hillbilly Cat por muito tempo. Logo, logo, o mundo inteiro iria chamá-lo de Rei do Rock!

O jovem caipira que fazia as garotas berrarem enlouquecidas e os rapazes rangerem os dentes de inveja tinha caído na boca do povo. Mais cedo ou mais tarde, o nome de Elvis Presley chegaria aos ouvidos de algum empresário esperto, que quisesse conferir o novo fenômeno. Fazia anos que o Coronel Tom Parker se virava apresentando espetáculos mambembes, tipo pôneis amestrados e dança da galinha. Chegou a ser empresário de um cantor country (que acabou mandando o Coronel plantar batatas), mas agora estava atrás de alguma coisa grande, GRANDE mesmo! Quando viu o Elvis, percebeu que tinha descoberto o que vinha procurando. Aquele cantor cheio de requebros e bamboleios ia ser uma verdadeira galinha dos ovos de ouro para ele!

*O Coronel assume o comando*

Depois de fazer um trato com Sam Phillips, em 1954, o Coronel assumiu o controle da carreira de Elvis e começou a organizar brilhantemente um futuro brilhante para... ele próprio. (Mas foi um bom negócio para o Elvis também.) Uma das primeiras coisas que disse ao Elvis foi:

O jovem Elvis achava o Coronel um gênio, tanto que em 1957 disse a um repórter:

Nisso com certeza ele tinha razão. O Coronel não tinha apenas uma carta na manga... mas um baralho inteiro!

## A ficha do Coronel

O misterioso Coronel Tom pode ser: ou a) Tom Parker, o orfãozinho adotado por seu tio Parker, para o qual trabalhou mais tarde no Grande Circo de Pôneis Parker; ou b) Andreas Cornelius van Kuijk, um adolescente holandês que imigrou para os Estados Unidos em 1929. Alguns chegam

*Elvis e sua pélvis*

inclusive a dizer que Andreas teve de fugir da Holanda por ter matado alguém por lá! Dizem que entrou ilegalmente nos Estados Unidos, sem passaporte nem nada, mudando depois o nome para Tom Parker. Trocando em miúdos: ninguém nunca conseguiu descobrir quem era de fato o Coronel Tom Parker!

Ele foi promovido a "coronel" por um cantor country chamado Jimmy Davis (aquele que compôs "You are my sunshine"). Foi a recompensa que ganhou por ter ajudado Jimmy a se eleger governador da Louisiana. Ele gostou do título e, mais tarde, quando era empresário de Elvis, podre de rico e na crista da onda, exigia que todo mundo o tratasse pelo título de "coronel".

Nos anos 20 e 30, como não havia televisão, as pessoas não tinham muito com que se divertir, fora as brincadeiras tradicionais, tipo abraçar cacto e derrubar bisão, de modo que precisavam de outras coisas para se distrair.

Uma das principais atrações era o enorme Carnaval Real Americano. Não, não é um trio elétrico de Carnaval, como você está pensando, mas um circo com mais de mil artistas e centenas de animais, que percorria os Estados Unidos num trem de 170 vagões!

O Coronel trabalhou para esse circo e para vários outros, além de participar de parques de diversões itinerantes.

*O Coronel assume o comando*

Fazia de tudo: preparava o café, adivinhava o futuro, tratava dos elefantes, colava cartazes... Armou até seu próprio espetáculo: um macaco que ia montado num pônei, trotando em círculo.

O pessoal do interior que ia ver esse sofisticado e original espetáculo pagava o ingresso com aquelas armações de arame parecidas com as de prender rolha de champanhe, que o Coronel depois vendia para os engarrafadores de soda. É por isso que os lugares por onde seu espetáculo passava formavam o Circuito da Soda. Pois é. O Coronel já estava no mundo do *showbiz* muito antes de encontrar Elvis Presley!

Tom Parker era o rei das mutretas. Para ser mais elegantes, digamos que ele era um trapaceiro digno de confiança. Eis cinco das suas mais célebres vigarices:

- ***Cachorro-quente de trinta centímetros.*** Nos anos 30, surgiu a mania dos cachorros-quentes tamanho gigante. Para faturar com essa mania, Tom pegava uma salsicha de tamanho comum, cortava no meio e enfiava um pedaço em cada ponta do pão, este sim, de trinta centímetros. Depois preenchia o espaço entre as pontas da salsicha com cebola picada, para ninguém perceber que ele vendia cachorro-quente semivegetariano...

*Elvis e sua pélvis*

- **Canários tipo "falsa loura".** O mau-caráter do Tom pegava pardais e pintava suas penas de louro, depois vendia como se fossem canários-belgas para uns trouxas, que deviam ter miolo menor que o de cambaxirra, para caírem nessa!

- **Galinhas dançarinas.** Esta é tão cruel que é melhor você nem ler. O Coronel fazia as galinhas dançarem ao som de "Turkey in the straw" (peru na palha: um "Tico-tico no fubá" versão faroeste), pondo-as em cima de uma chapa quente de fritar hambúrguer, devidamente escondida debaixo de uma camada de palha...

- **Mar de estrume.** Tom esparramava um montão de cocô de elefante no chão, bem na saída do circo. Quando o espetáculo terminava, as pessoas que iam saindo davam com aquele mar de estrume. Como ninguém estava a fim de sujar o sapato, pagava ao Tom para atravessá-las montadas em pôneis.

- **O truque do troco digital.** O Coronel colava uma moeda de 25 centavos de dólar no anel que usava no dedo mindinho. Com alguns movimentos hábeis da mão e um bom papo para distrair a atenção, ele fazia as pessoas acreditarem que estava dando o troco certo para o ingresso, quando na

*O Coronel assume o comando*

verdade estava devolvendo 25 centavos a menos. Roubo mixuruca? Calcule bem: se ele passasse a perna em quatrocentos trouxas, embolsava cem dólares! Dizem que, do vasto repertório do Coronel, essa era a vigarice preferida do Elvis.

Em 1940, para sair do circuito das feiras e dos circos, Tom tornou-se o recolhedor oficial de cachorros da cidade de Tampa, no estado da Georgia. Com sua imaginação exuberante, logo bolou um jeito de dar um toque pessoal no novo trabalho. Ele e Bevo Bevis (seu auxiliar) vestiram aqueles guarda-pós compridos que os cientistas usam no laboratório. Na verdade, eram aventais velhos de dentista (doados por uns dentistas velhos). Assim trajados, cavaram no terreno do depósito de cães mortos da cidade uma cova, com lápide e tudo, fingindo que tinham enterrado um au-au. Na verdade, a cova estava vazia. Sem saber que a cova era fajuta, as pessoas que perdiam seus bichos queridos perguntavam ao Tom se também podiam enterrá-los ali, com o mesmo tratamento dado àquele outro. Tom botou o Bevo para fazer lápides e caixões para gatos e cães, e em pouco tempo o terreno do depósito se transformou num verdadeiro cemitério de animais de estimação. Enquanto os caixões baixavam à terra, ao som de uma música solene, Tom dizia as preces de praxe...

... e cobrava dos donos cem dólares por defunto!

*Elvis e sua pélvis*

Contam que o Coronel Tom era um hipnotizador de primeira. Dizem que foi por isso que teve tanto sucesso como homem da carrocinha. Em vez de perseguir os cachorros de rua com uma rede de borboleta tamanho gigante, ele olhava nos olhos do vira-lata, e o cão fazia tudo o que ele mandasse.

Parece que hipnotizou até os guardas-costas do Elvis e mandou que ficassem de quatro para imitar a bicharada do campo (cachorro, porco, boi...), o que, aliás, já era o comportamento natural de vários daqueles "gorilas". Um dia, quando Elvis estava fazendo um filme, Tom hipnotizou o enorme segurança do astro e mandou-o ir dizer ao diretor que o filme era uma porcaria. O diretor ficou uma fera.

Tem gente que jura que o Coronel hipnotizava o próprio Elvis antes de entrar no palco...

*O Coronel assume o comando*

## *Cinco dicas sobre como ser um empresário de rock estilo Coronel Tom Parker*

### 1. Crie sempre novas fontes de renda

Um dia, quando Elvis estava filmando uma cena de surfe, o Coronel percebeu que ele estava usando seu relógio pessoal na cena. O Coronel fez um escândalo, chamou os caras da produtora e disse que eles tinham combinado de fornecer TUDO o que Elvis usaria no filme, inclusive os relógios. Se quisessem que o "seu garoto" usasse o relógio dele no filme, tudo bem, só que aquilo ia custar um extra de *25 mil dólares*!

Uma outra vez, o Coronel estava negociando com um promotor uma turnê do Elvis na Europa, e o promotor se propôs a pagar 1 milhão de dólares. Salivando cifrões ao ouvir falar naquela grana toda, Tom respondeu na lata: "Bem, para mim está bom. E quanto vão pagar ao garoto?".

### 2. Mantenha seu garoto por fora

Sempre que podia, o Coronel dava um jeito de evitar que o Elvis conhecesse as pessoas que compunham as músicas para ele cantar. Ué, por quê? Simples: porque pagava aos autores uma merreca pelas canções que estavam deixando ele e o Elvis podres de rico. Tom sabia que o Elvis era um cara generoso, e não queria que ele ficasse com pena dos compositores e letristas e quisesse aumentar seus pagamentos. Anos depois, Mort Shulman, que ajudou a escrever pelo menos dezesseis dos maiores sucessos do Elvis, disse que embora desse Cadillacs para pessoas que nunca tinha visto mais gordas, o Elvis nunca lhe mandou nem mesmo um cartãozinho de Natal!

### 3. Entenda que sua mercadoria não tem preço

Num concerto que Elvis deu em Memphis, em 1956, alguém perguntou ao Coronel por que o programa não trazia informação sobre o preço do ingresso. O Coronel respondeu que nunca se devia estipular preço para nada, de modo que você pudesse vender o ingresso por quanto o público fosse capaz de pagar. Em Memphis, onde as pessoas eram um bocado duras, ele cobrou dez centavos, mas em Las Vegas, onde a moçada nadava em dinheiro, cobrou dois dólares.

### 4. Não deixe para amanhã a vigarice que pode fazer hoje

O Coronel se aproveitava na hora de toda oportunidade para fazer dinheiro com o Elvis. Quando as apresentações do "seu garoto" começaram a atrair multidões, ele comprou um estoque enorme de binóculos descartados pelo Exército e pôs para alugar para os fãs que queriam ver seu ídolo bem de perto!

E, sabendo que as fãs só pensavam numa coisa — levar o Elvis para casa (a delas) depois do show —, ele vendia fotos dele por dois dólares cada.

### 5. Seja cara de pau

Richard Nixon, presidente dos Estados Unidos na época, queria que o Elvis desse um concerto na Casa Branca. Um assistente dele ligou para o Coronel, que respondeu que para o "seu garoto" seria uma honra — e o cachê seria de 25 mil dólares! O assistente não acreditou no que ouviu:

Assim, com um talento do tamanho do Texas e um empresário linha-dura como o Coronel Tom Parker, Elvis estava com tudo para fazer o maior sucesso. E foi exatamente o que aconteceu.

Olhe para os últimos doze meses da sua vida. Você com certeza se orgulha de alguma coisa que fez. Pode ser uma coisa tipo ter crescido cinco centímetros, ou ter finalmente gravado que salsicha se escreve assim, e não com xis, pode ter conseguido chupar cana e assobiar, essas coisas. Bem, sinto muito desapontá-lo, mas perto do que o Elvis fez em 1956, não é nada!

Aquele foi um ano incrível. Nos doze meses do ano, Elvis subiu como um foguete rumo ao estrelato!

*Elvis atômico*

No dia 1º de janeiro de 1956, Elvis era um roqueiro de vinte anos, medianamente conhecido. Doze meses depois, era um mega-star milionário, famoso no mundo inteiro, ganhando mais do que qualquer outro artista americano. E só tinha 21 anos!

No começo do ano, dificilmente alguém poderia imaginar que Elvis estivesse prestes a alcançar um sucesso tão fulminante, tão esmagador, em tão pouco tempo. Um jornaleco pão-duro encarregou um fotógrafo de ir atrás do Elvis, mas disse a ele que não valia a pena gastar filme colorido com aquele roqueiro caipira do Tennessee.

As 3800 fotos em preto e branco que o fotógrafo tirou estão hoje entre as mais célebres e admiradas imagens do Elvis.

*Elvis e sua pélvis*

Os mandachuvas da nova gravadora do Elvis também estavam preocupados, com medo de perder dinheiro com aquele gato caipira. Isso é que se chama palpite infeliz! Lá pelo fim de março de 1956, ele passou a ser o mais vendido do selo e acabou faturando mais discos do que *todos* os outros artistas da casa *juntos*! A preocupação da gravadora agora era conseguir atender à voracidade dos fãs do Elvis. Tamanha era a demanda que a gravadora não dava conta sozinha: teve de pedir a outras gravadoras que emprestassem suas prensas para ser capaz de atender ao gigantesco volume de pedidos. Em dezembro, tinha vendido mais de *10 milhões* de cópias!

DIÁRIO PERDIDO DO ELVIS (21 anos)
10 de janeiro de 1956

Gravação hoje, na minha nova gravadora, a RCA. Coisa séria... Ai! Nada a ver com o Sun Studio. Lá, a gente se divertia enquanto gravava. Já esses altos executivos daqui parecem mais

*Elvis atômico*

interessados em grana, grana, grana, do que em curtir um som legal! Uma das músicas que gravamos chama-se "Heartbreak hotel" (algo como "Hotel do coração despedaçado", sacaram? Maior desespero!). Os autores tiveram a ideia da música quando leram o bilhete de um suicida, dizendo que "caminhava por uma rua solitária". Coitado! É meio triste e pesada, mas uma senhora música. Pusemos um montão de ecos, ficou uma beleza! Minha gravadora não aposta muita nessa música, não. Vamos ver...

### 25 de janeiro

Conheci o mandachuva da RCA hoje. Quando apertamos as mãos, dei o maior susto no cara, porque eu tava com um aparelhinho de choque escondido na palma da mão! Quá quá quá! Cês deviam ver a cara do cara! Acho que o mister Sholes, meu produtor, não achou a menor graça. Parecia que queria se esconder debaixo do tapete da sala. Por que será?

### 27 de janeiro

*Heartbreak hotel* foi lançado hoje. Cruzei todos os dedos!

## 1º de fevereiro

Acabo de aparecer na TV, pela segunda vez, aliás. Cara, quando me vi na frente das câmeras, estava tão nervoso! Comecei com "Shake, rattle and roll", do Big Joe Turner. O Coronel disse que a TV é o caminho do sucesso! Tem cada vez mais gente comprando aparelhos de televisão, e ele me disse que com um só programa a gente atinge um público muito maior do que o público de todos os concertos somados. Eu nunca tinha pensado nisso. O Coronel Parker tem uma cabeça e tanto! Em todo caso, quando acabou minha apresentação, eu estava superfeliz! Agora estou partindo para uma turnê.

## 4 de fevereiro

Voltei da turnê para outro programa de TV. Cantei "Baby let's play house" e "Tutti frutti". Amanhã de manhã continuo a turnê.

## 21 de fevereiro

Estamos em turnê pela costa Leste e pela Flórida. Cada dia trabalhamos mais. Cara, estou estourado! A gente chega numa cidade, vai para o hotel, toma um banho, e às vezes vamos direto para a sala de concertos ou para o cinema fazer o show. Depois, entramos correndo no carro e vamos direto para a próxima cidade. É só dirigir, tocar, dirigir, tocar... Mas adoro essa vida! E adoro meus fãs. Principalmente

*Elvis atômico*

> *minhas* fãs! Quanto mais <u>elas</u> gritam, mais <u>eu</u> me esforço! Só penso numa coisa: dar o <u>melhor</u> para o meu público!
>
> **23 de fevereiro**
> Que susto! Fui parar no hospital! Estávamos arrumando os instrumentos no carro depois do concerto quando apaguei, geladão! O médico disse que exagerei demais da conta com todos esses shows ao vivo dos últimos dias! Ele me disse que eu me desgastava mais em vinte minutos cantando e requebrando do que um operário em oito horas seguidas de trabalho! Falou para eu descansar. Ali não ia ser possível: aquelas enfermeirinhas tchutchucas não iam me dar sossego! Não é que isso me incomodasse, ao contrário, mas caí fora do hospital e fui dar meu concerto no Gator Bowl, conforme o programado. Não posso deixar minha galera na mão, posso? Amo meus fãs!

Os fãs do Elvis eram um dos fenômenos mais curiosos daquele ano de 1956. Pareciam surgir de repente, vindos do nada. Era como se um dia eles fossem uns poucos milhares, e no dia seguinte milhões! Estavam em toda parte: seguindo o Elvis, sitiando a casa dos seus pais, tentando escalar a parede até a janela do seu quarto e enlouquecendo completamente em seus concertos. E não eram só os discos que eles compravam. Deixaram o Coronel Parker e Elvis felizes da vida (e podres de ricos) ao gastarem em apenas seis meses daquele ano da graça de 1956 a bagatela de 26

*Elvis e sua pélvis*

milhões de dólares (o que equivaleria a uns 160 milhões nos dias de hoje) com lembranças do Elvis! Isso mesmo, mais até do que gastavam com seus discos!

Agora você sabe como eram as fãs do Elvis. Eis algumas maluquices que elas faziam.

## As Elvismaníacas

### 1. Às vezes parecem... gramaníacas

Elvis pegou um pouquinho da sua grana e comprou para os pais uma senhora casa nova, com um baita gramado na frente. Não demorou muito para eles se virem obrigados a colocar uma cerca em volta da mansão, porque os fãs viviam invadindo o gramado atrás de qualquer coisinha do ídolo. Uma fã telefonou para a casa ao lado, e tanto insistiu que precisava porque precisava de um pouquinho de grama do jardim do Elvis, que convenceu a vizinha do ídolo a arrancar a grama e mandar para ela. O filho da vizinha observou que era muito mais prático mandar grama da casa deles mesmo, mas a mãe respondeu que tinha de ser do gramado do Elvis. Foi uma verdadeira corrida de obstáculos, mas o rapaz conseguiu pular a cerca e pegar um tufo da grama do vizinho famoso. A garota ficou tão entusiasmada que

*Elvis e sua pélvis*

escreveu uma cartinha de agradecimento dizendo nada mais nada menos que: "Este tufo de grama mudou a minha vida!".

## 2. Ficam doidas varridas!

Um diretor de cinema chamado Hal Kantner foi convidado a dirigir e escrever um filme para o Elvis. Como não tinha a menor ideia da popularidade do seu protagonista, resolveu verificá-la indo a um concerto do astro. Quando chegou, uma multidão incalculável de fãs confundiu seu carrão com o do Elvis, e se amontoou em torno dele. Uma das garotas abriu a bolsa e tirou um lencinho de papel. O Hal não podia acreditar no que seus olhos viam: a garota pôs-se a alisar cuidadosamente, com os dedos, a lataria do carro, para depois jogar o pó que havia recolhido no lencinho. Ela estava guardando o pó do carro que imaginava ser do Elvis! Depois dobrou o lencinho, guardou-o de volta na bolsa e foi embora, exultante.

## 3. Gritam que nem loucas, sem perceber!

No começo da carreira, quando só fazia apresentações na sua região, o empresário do Elvis usava um macete: pagava umas garotas para gritar que nem loucas, o que provocava uma reação gritante em cadeia no resto do público feminino. Gritar é contagioso que nem gripe ou bocejo. Num instante virou uma espécie de reflexo condicionado:

*Elvis atômico*

as garotas desatavam a gritar automaticamente. Era só o Elvis pisar no palco, alisar os lábios (não tem gente que tem o cacoete de alisar o cabelo? Pois Elvis alisava os lábios), tirar dois ou três acordes na guitarra, que a plateia desandava a berrar mais alto que o mais gigantesco bando de maritacas. Moral: as gritadeiras profissionais perderam o emprego. Um fã conta que ficou de boca aberta quando ouviu a gritaria que se elevava da plateia, e que ficou mais boquiaberto ainda quando percebeu que não era só de espanto que estava de boca aberta, mas também porque estava uivando como todo mundo! E olhe que era UM fã!

Na primavera de 1956, as fãs e os fãs gritavam tão alto que a banda do Elvis nem conseguia ouvir o que ele estava cantando. Observavam os movimentos do corpo do Elvis para tentar adivinhar qual era a música. Um dos músicos da banda contou que era como estar num "mar de sons" e que eles eram a única banda do mundo que acompanhava uma bunda!

### 4. São sofá-náticas!

Depois de um concerto, Elvis passou a noite na casa de uns amigos, onde dormiu no sofá. Na manhã seguinte, uma fã o viu saindo de carro. Um segundo depois (e olhe que ainda não existia celular), ela e mais 100 milhões de fãs-náticas in-

*Elvis e sua pélvis*

vadiram a casa aos berros: "Sabemos que Elvis Presley dormiu aqui esta noite... Podemos entrar, só para respirar um pouco do ar que ele respirou?". Assim que entraram, as fãs notaram que o sofá estava meio amarrotado e deduziram na mesma hora que o Elvis tinha dormido nele! Correram aos gritos para o indefeso móvel e puseram-se a rasgá-lo, a arrancar estofo... Segundos depois, só restava do sofá o chassi de madeira.

### 5. Descabelam-se por um fio de cabelo

O locutor de uma pequena rádio local anunciou que tinha arranjado SETE fios de cabelo do Elvis e que iria dá-los de brinde aos seus ouvintes. Disse que tinha prova escrita de que os cabelos eram autênticos. Cinco mil fãs ligaram na mesma hora, pedindo um fio.

### 6. Batem com a cabeça no chão e rolam no suor

Foi em San Antonio, no Texas. Enquanto Elvis cantava, as fãs caíram de joelhos e começaram a bater com a cabeça no chão.

Elvis suava pra caramba em suas apresentações. Depois do concerto, algumas fãs descobriram no palco uma enorme lagoa de suor que havia jorrado das glândulas sudoríparas do roqueiro. Imediatamente se jogaram na lagoa e começaram a rolar no suor.

### 7. São ávidas epistoleiras

Não, não é o que você está pensando: epistoleira é quem adora escrever cartas (epístolas). Em 1956, o fã-clube do Elvis recebia umas 4 mil cartas por dia (e, ninguém duvida, Elvis lia e respondia pessoalmente todas elas). Quando um jornalista inglês disse que o filme do Elvis *O prisioneiro do rock* era um misto de mau gosto e violência e que Elvis era um canastrão, as fãs inundaram também o jornalista de cartas. Só que, nesse caso, de cartas carregadas de ódio. O jornalista sem papas na língua recebeu tantas cartas venenosas que o jornal publicou uma página inteira com elas, tendo ao lado uma charge do cara sendo enforcado.

### 8. Trocam papel-moeda por papel de janela

Quando Elvis se hospedava num hotel, mandava cobrir as janelas do quarto com folhas de papel-alumínio, para que não entrasse a luz do dia e ele pudesse descansar melhor. Na hora em que ele saía do hotel, o gerente arrancava

*Elvis e sua pélvis*

a folha prateada, cortava-a em quadradinhos e vendia para as fãs por uma pequena fortuna.

### 9. Se contentam com pouco

Uma vez, quando Elvis voltava para casa, em Memphis, foi cercado por um bando de fãs. Uma delas agarrou a mão dele (uau!); Elvis apenas sorriu e murmurou...

Ela largou na mesma hora, e o que poderia ter sido uma saia justa para o cantor não durou mais que alguns segundos. Mais tarde, ao descrever aquela experiência única, que mudou sua vida — *soltar a mão do Elvis!* —, a moça confessou aos repórteres: "Foi divino!". Já pensou se ele tivesse dito: "Me agarra"? Até hoje ela deve repetir a história para os netos.

### 10. Vivem sendo carregadas

Quando as fãs entravam em delírio e investiam contra o palco, na tentativa de tocar o ídolo, beijá-lo, roubar suas

*Elvis atômico*

calças, dizer que o amavam etc., eram geralmente interceptadas pelos seguranças e carregadas para fora do recinto.

Num concerto em Kansas City, uma multidão delirante de fãs atacou-o em massa, de modo que os seguranças não puderam interceptá-las. Num piscar de olhos, o palco estava tomado por adolescentes em fúria e, durante o caos que se seguiu, jogaram o baterista do Elvis, DJ Fontana, no poço da orquestra (o fosso onde as grandes bandas e orquestras costumam tocar).

Elvis parecia não dar a mínima para esse tipo de comportamento. Quando lhe perguntaram o que ele achava daquelas fãs-náticas, respondeu...

*Elvis e sua pélvis*

## *Elvis Presley! No meu posto?! Estou frito!*

Quanto mais o número de fãs do Elvis aumentava, mais difícil era fazer sossegado as coisas do dia a dia, como encher o tanque...

*Elvis atômico*

*Elvis e sua pélvis*

Na primavera de 1956, a vida do Elvis começou a ficar um bocado agitada. Por quê? Porque parecia que todo mundo nos Estados Unidos queria assistir a um show dele. Sua gravadora finalmente havia sacado que ele era uma verdadeira máquina de fazer grana, por isso queria que ele gravasse um disco atrás do outro. Elvis tinha um montão de shows agendados em Nova York. Quase todas as salas de concerto do país queriam tê-lo em cartaz. Sem falar nos programas de rádio que ele havia começado a fazer no início da carreira.

*Elvis e sua pélvis*

Como se não bastasse, o Coronel Parker tornou a "elvismania" ainda mais aguda, fazendo os mandachuvas de Hollywood se interessarem pelo "seu garoto". Em outras palavras, Elvis tinha de estar em milhares de lugares ao mesmo tempo. Mas, como ele não tinha um clone, era impossível. De modo que fez o que tinha de fazer: voou — a jato — de um canto ao outro dos Estados Unidos.

## DIÁRIO PERDIDO DO ELVIS (21 anos)

### 20 de março de 1956

É tanto vaivém que mal consigo escrever este maldito diário! Hoje, a mãe e o pai estão mudando para a casa nova que comprei pra eles, em Memphis. Lindona mesmo. Nem dá pra comparar com os barracos em que já moramos. Acho que não vai dar pra eu pintar muito por lá. O Coronel não me dá folga!

OBRIGADO, FILHO!

### 24 de março

Fiz meu <u>sexto</u> programa de TV em Nova York. Já me acostumei às câmeras. É moleza. Dei uma entrevista no hotel, depois corri para o meu avião. E u voo de costa a costa. Semana que vem faço um teste em Hollywood para o meu filme!

### 31 de março

Voei de ~~verta~~ volta, de Hollywood para a Louisiana, pra participar pela última vez do programa Louisiana Hayride, da rádio KWKH, de Shreveport. Pff!

### 1º de abril

Voei de volta para Hollywood, para o meu teste com Hall Wallis, o superprodutor de lá. Me mandaram cantar uma das minhas músicas, fingindo tocar uma guitarra sem cordas. Mas eu não quero ser um cara que só aparece cantando nos filmes! Quero ser um astro de verdade do cinema! Como Marlon Brando, Jimmy Dean e Rod Steiger. Não quero só cantar, quero representar... E lá vou eu pra San Diego, pra outro especial na TV.

### 3 de abril

Gravei meu programa do convés de um porta-aviões! Com Miltie Berle, o comediante preferido da minha mãe. Cantei "Blue sued shoes", e aí ele apareceu usando um enorme sapato de camurça azul, fazendo-se passar pelo meu irmão, Melvin! Quá quá quá... (Espero que mamãe não fique perturbada com esse novo gêmeo!)

EU → ← MILTIE
UM BAITA PORTA-AVIÕES
AVIÕES DE VERDADE

### Dia tantos de abril de sei lá quando (perdi a noção do tempo!)

Tive problemas no meu show na Arena de San Diego, ontem à noite. As fãs

*Elvis e sua pélvis*

enlouqueceram e fizeram outra daquelas zorras absurdas. Eu nem conseguia me ouvir cantar! Então parei de repente e berrei: "Sentadinhas, senão não faço mais o show!". Não é que elas sentaram? Eu me senti como um professor do primário. Só que com <u>milhares</u> de crianças na turma.

### 6 de abril

Não dá pra acreditar que isso tudo esteja acontecendo comigo! Assinei um <u>contrato de sete anos</u> pra fazer cinema! Vou ganhar 100 mil pelo primeiro filme! **OOOOBAAAAA!** E 150 mil pelo seguinte. E um aumento de 50 mil a cada novo filme. Será que é verdade ou estou sonhando?

### 2 de julho

Cachorro-quente! Ontem à noite eu estava na TV (de novo!) com um cachorro insuportável! Vou passar uns dias em Biloxi. Estou louco para ir, porque vou ver June, minha nova namorada. Ela é um doce.

### Agosto

Estou rodando meu primeiro filme. Em Hollywood, no meio de todos aqueles astros e estrelas! Eu, Elvis Presley, aos 21 anos! Parece que faz só cinco minutos que eu

*Elvis a jato*

estava dirigindo aquele caminhão e dando o maior duro para ganhar uns trocados. Agora ganho mais dinheiro do que sou capaz de gastar. Por todas as lebres! Tanta coisa acontecendo comigo, e tão rápido! Tem noite que eu nem consigo dormir, pensando nisso. Chego a ficar assustado!

### 29 de agosto

Ei, vou aparecer no Ed Sullivan Show! O máximo em matéria de TV! É transmitido para todos os Estados Unidos! E vão me pagar milhares de dólares! Estou chegando ao meu primeiro milhão de dólares! Fui à Lansky's, em Memphis, e comprei um casaco dourado, dois pares de sapatos, três calças e um montão de outras roupas. Mamãe se espantou: "Filho, você comprou a loja toda!". "Mas, mãe!", falei, "é o programa do Ed Sullivan!"

### 20 de setembro

Por todos os peixes do Mississippi! Semana que vem, volto a Tupelo! O lugar em que o garoto pobre, Elvis Presley, ganhou cinco dólares para cantar "Old shep", outro dia mesmo. Só que desta vez vão me pagar 10 mil dólares! Engraçada a vida, não é?

*Elvis e sua pélvis*

# O FOFOQUEIRO DE TUPELO

27 de setembro de 1956

## BEM-VINDO FILHO!

Ontem foi o dia mais melhor de bão da história da nossa Tupelo: nosso filho voltou para casa! Iiipii! Dia de ontem comemoramos o DIA DO ELVIS PRESLEY! O meninim pobre que saiu da nossa cidade só uns anim atrás, de meia remendada no pé, voltou! Preparamos pr'ele uma recepção do jeito que só nóis de Tupelo sabemos fazer! Fizemos um desfile com banda, balizas e tudo. Todas as lojas da cidade decoraram suas vitrines com um tema relacionado ao nosso Érvis!

E nosso garoto, Elvis Presley em pessoa, se apresentou na Feira do Mississippi-Alabama. Iiipii! O mesmo evento em que, apenas onze anos atrás, ele ganhou cinco dólar para cantar "Old shep". As TVs, o pessoal dos cinejornais e 50 mir (!) visitantes vieram à nossa cidade para ver nosso garoto! Quando Elvis entrou no palco, dia de

*Elvis a jato*

ontem, o prefeito entregou pr'ele as chaves da cidade (em forma de guitarra, claro!) e nosso garoto disse que, antigamente, para vir à Feira, tinha de pular a cerca, porque não tinha dinheiro para pagar a entrada, e agora a Feira é que pagava pr'ele vir! Todo mundo caiu na gargaiada. A vida apronta cada uma cum nóis, né mezz?

Quando nosso garoto começou a cantar suas musi‑

quim no palco ao ar livre, 20 mir fãs começaram a berrar mais que bezerro desmamado, e nossa polícia teve até de pedir ajuda à guarda nacional para não deixar ninguém chegar perto dele! Mas não conseguiram impedir que uma fã arrancasse os botões da camisa de veludo azul do Érvis, que a mãe dele fez pr'ele!

E por falar na nossa Gladys querida, modesta como ela é, disse que era muito sofrido pr'ela voltar aqui, onde eles tinham sido tão pobrezim, agora que eram tão ricos! Benzadeus! Ela não é uma gracim? O Vernon tava todo prosa! E adivinhem o que o garotim deles fez com os 10 mir que ganhou para se apresentar? Devolveu o dinheiro, para gente construir um centrim Elvis Presley para as crianças pobres daqui! Ele disse que a gente devia de fazer no centrim uma piscinim em forma de guitarra...

Em fins de 1956, Elvis não era famoso apenas nos Estados Unidos, mas *no mundo inteiro*! Os adolescentes de toda parte tinham ouvido falar dele e o adoravam. Parece que a única pessoa em todo o mundo que nunca tinha ouvido falar dele era uma velha professora primária da Inglaterra.

*Elvis e sua pélvis*

Você não acredita? Pois é! Quando Elvis morreu, nos anos 70, uma mulher escreveu uma carta para o jornal *The Times*, dizendo que exatamente no ano em que Elvis subiu que nem um foguete rumo ao estrelato, ela começou a dar aulas; um belo dia, uma colega dela, já de idade, entrou bravíssima na sala dos professores e foi dizendo, ameaçadora:

> *Preciso ter uma conversinha urgente com um menino chamado Elvis Presley. Ele entalhou o nome dele em todas as carteiras da escola!*

### A GAROTA DA VEZ: JUNE JUANICO

June namorou Elvis um bom tempo. Quando se conheceram, Elvis prometeu que ia à casa dela em Biloxi, mas não disse a ela quando. Um dia, June voltava para casa depois de ouvir "Heartbreak hotel" num *jukebox*, quando um carro cheio de adolescentes passou a toda por ela. Alguém lá de dentro gritou que Elvis Presley estava na casa dela. "UAU! ELVIS PRESLEY!", ela pensou, e apressou o passo. Aí se lembrou que Elvis era seu namorado, e começou a correr!

*Elvis a jato*

> Quando virou a esquina, tinha uma multidão parada em frente à sua casa, querendo ver o Elvis. Ela abriu caminho a duras penas, entrou em casa e encontrou sua mãe à beira de um ataque de nervos. Ela contou a June que o Elvis não aguentava mais as multidões e que tinha ido embora para a Flórida, em busca de um pouco de sossego. June ficou arrasada!
>
> Outro dia, quando finalmente conseguiram se encontrar, Elvis, zangado, perguntou por que ela tinha contado para todo mundo que ele vinha para Biloxi; ela replicou que não tinha contado nada a ninguém, mas acrescentou, brincando, que tinha colado cartazes pela cidade dizendo: "Elvis vai vir! Elvis vai vir!". Elvis achou graça, e os dois selaram as pazes com um bom selinho.

June deveria ter dito a ele que, se você é um roqueiro famoso e quer passar despercebido, é melhor não cruzar a cidade numa enorme limusine com placas do Tennessee!

*Elvis e sua pélvis*

## Algumas elvistatísticas de arrasar

- Em 1956, Elvis se manteve por 26 semanas em primeiro lugar nas paradas de sucesso, vendeu 12,5 milhões de *singles* e quase 3 milhões de álbuns. Só nos Estados Unidos.
- No dia 29 de dezembro, entrou para a história das paradas de sucesso por ter colocado dez músicas ao mesmo tempo entre as cem mais vendidas!
- No primeiro semestre do ano, as vendas dos seus discos somaram a metade do faturamento da RCA.

- *Don't be cruel*, lançado em julho de 1956, vendeu 6 milhões de cópias.
- *Heartbreak hotel*, primeiro *single* do Elvis para uma grande gravadora, vendeu quase 1 milhão de cópias em apenas três semanas. Venderia nada menos de 38 milhões de cópias nos primeiros cinco anos.
- Nos dez primeiros anos em que gravou pela RCA, Elvis vendeu mais de 115 milhões de discos.

O Coronel dizia para o Elvis: "Faça o que eu disser, e seus sonhos vão virar realidade". O Coronel tinha razão! Agora que a grana jorrava aos borbotões, Elvis podia realizar seus sonhos mais loucos. Como ter sua própria frota de...

## Rabos de peixe

Depois da Segunda Guerra Mundial, um projetista de automóveis, observando a esquisita traseira de um caça Lockheed Lightning, pensou...

Então o projetista bolou um carro inspirado nesse avião. O modelo foi adotado em 1948 pela Cadillac. E o carrão não só tinha aerofólios na traseira, como os do caça, mas também enfeites em forma de bala no para-choque dianteiro, lembrando o "nariz" do avião. Estava criado o célebre rabo de peixe. Começou então, na década de 50, a "guerra dos rabos de peixe", cada modelo exibindo um rabo mais chamativo que o outro.

O Cadillac podia ser copiado, mas nunca igualado, e continuou sendo sempre *O* rabo de peixe! O carro ideal para um mega-star que enriquecia a jato!

## Nosso astro e seus carros

Eis alguns fatos curiosos sobre os sonhos automobilísticos do Elvis.

*Elvis e sua pélvis*

- O primeiro Cadillac a gente nunca esquece. Pois o primeiro do Elvis era rosa e preto, para combinar com suas roupas. Também para combinar, Vernon mandou fazer um trailer rosa e preto, com o nome do Elvis dos dois lados, para seu filho e os manos da banda guardarem os instrumentos (e depois saber onde encontrá-los). Como disse um amigo do Elvis...

*Elvis a jato*

- O Cadillac mais famoso do Elvis foi o dourado. Tinha calotas douradas, barbeador elétrico (dourado, claro), dois toca-discos, TV e máquina de engraxar sapatos elétrica. Dizem que, para pintá-lo, foram necessárias quarenta demãos de tinta, inclusive pó de diamante, folhas de ouro de verdade e escamas de peixe dourado (para combinar com os rabos de peixe, claro!). Se Elvis parasse ao seu lado e desse uma raspada no seu carro, ao invés de um prejuízo você teria uma supervalorização do seu carango — de no mínimo mil dólares!
- Em seus últimos dez anos de vida, Elvis possuiu pelo menos cem carros carérrimos, entre eles Cadillacs, Rolls-Royces e Ferraris. Costumava ter a seu dispor de oito a quinze carros (ele nem precisava sair de casa para ficar preso num engarrafamento).

*Elvis e sua pélvis*

- Elvis aprendeu a dirigir aos dez anos de idade e, aos doze, Vernon deixava-o zanzar pela cidade no carro da família. Uma lata-velha caindo aos pedaços, que tinha um dos para-brisas tapados com um pedaço de papelão.

- Vernon deu um carro para Elvis quando ele era adolescente, mas o carro só durou três meses: pegou fogo quando ele ia fazer uma apresentação. O astro e sua banda pularam fora e ficaram espiando o carro virar fumaça (e fazer um barulho igual ao de uma vaca morrendo, segundo Elvis). Ele pensou que sua carreira ia virar fumaça, porque sua banda dependia do carango para as apresentações: às vezes rodavam seiscentos quilômetros num só dia, de um concerto para outro.
- Entre o início do sucesso, em 1956, e sua morte, em 1977, Elvis comprou pelo menos MIL carros, para dar de presente a guarda-costas, auxiliares, familiares e amigos. Uma vez, gravando uma matéria sobre a generosidade do Elvis, um repórter de TV fez uma piada: disse que, se o Elvis estivesse assistindo, ele, repórter, também gostaria de ganhar um carrinho novo. E não é que o Elvis estava assistindo? Acabou mandando um carro novinho em folha para o cara!
- Elvis costumava comprar Cadillacs como a gente compra papel higiênico. Uma vez comprou catorze (Cadillacs, não rolos de papel). Veja por quê:

*Elvis a jato*

Além de louco por música, Elvis era louco por cinema. E isso desde que seu pai, Vernon, desobedeceu à igreja careta deles e o levou para assistir a um filme, lá pela década de 40. E quando eles se mudaram para Memphis, Elvis virou mais que um admirador da sétima arte, porque arrumou um trabalho de meio período numa sala de cinema. Era o máximo! Era pago para assistir a filmes e ainda usava um lindo uniforme. (Ele adorava uniformes — e roupas em geral!) E agora, um dos seus outros sonhos se realizava, graças ao Coronel, que lhe arranjou uma oportunidade de trabalhar, não numa sala de cinema, mas NO cinema! Finalmente ele ia usar roupas elegantérrimas e ser igualzinho ao seu maior ídolo!

## ÍDOLOS DO ÍDOLO: JAMES DEAN

James Dean era o maior ídolo dos adolescentes no início da década de 50. Elvis viu-o pela primeira vez quando ele apareceu num anúncio da Pepsi-Cola em 1951. A Pepsi virou na hora o refrigerante preferido do

*Vou me ver no cinema*

Elvis, e James seu ídolo cinematográfico número um. James não cantava nem tocava guitarra, como outros ídolos do Elvis. Em compensação, sabia lançar uns olhares de desprezo e resmungar como ninguém! E como fazia bem o papel de durão, de temperamental! E que boa pinta! Ele era a própria imagem que os adolescentes dos Estados Unidos dos anos 50 faziam de si mesmos. Daí ter sido o símbolo da rebeldia e da ira juvenil da época. Na verdade, a juventude não tinha muito por que ser tão irada e rebelde assim, pois a maioria dos jovens tinha uma vida para lá de boa! Mas isso não quer dizer nada, não é? Quando você é adolescente, quer mesmo é ver o circo pegar fogo! Em 1955, James Dean fez um filme que virou clássico, chamado *Rebelde sem causa* (que saiu aqui com o título de *Juventude transviada*), em que representava um adolescente difícil (bota difícil nisso!), que berrava com os pais e dirigia o carro a mil por hora na beira do precipício, só para mostrar que não era nenhum galinha-morta!

Duas semanas antes da estreia de *Rebelde sem causa/Juventude transviada*, James morreu num desastre de automóvel. Tem gente que diz que ele se arrebentou em seu carro superesportivo porque não estava usando seus óculos super... banais. (Típica atitude de rebelde sem

*Elvis e sua pélvis*

causa.) Era tão idolatrado que continuou a receber por semana umas 2 mil cartas de fãs, três anos depois de morto! Os destroços do seu carro foram exibidos em Los Angeles. Oitocentos mil fãs pagaram para tocar naquela lataria retorcida. E ainda desembolsavam um extra para ter a arrepiante sensação de sentar-se no assento em que James Dean morreu! Muita gente acha que esticar as canelas aos 24 anos foi um fim verdadeiramente cinematográfico para ele, que hoje é lembrado por todo mundo como um charmoso e trágico jovem astro, em vez de ser uma setentona e enrugada celebridade de Hollywood.

*Rebelde sem causa* (o nome do filme em inglês) ou *Rebelde sem óculos*, como Elvis costumava chamar, era o seu filme favorito. Tanto que ele sabia boa parte dos diálogos de cor! Também pudera: assistiu mais de cem vezes!

Previa-se que o Elvis ia ser o James Dean do rock, mas depois que seu ídolo morreu, ele entreviu uma oportunidade excepcional de se tornar o James Dean do *cinema*. (Ei, Elvis, não é muita pretensão?)

Seguinte: pegue um saco de pipoca, que vamos passar alguns dos grandes sucessos do Elvis, pois é capaz de você ter perdido algum...

*Vou me ver no cinema*

# Elvis multiplex

Em cartaz na SALA 1:

***Enredo:*** Fim da Guerra Civil americana (1861-5). Elvis interpreta Clint Reno, cujo irmão mais velho, Vance, tinha morrido em combate. Como a linda namorada de Vance ficou sozinha, coitada, Elvis se casa com ela. Mas — tchã, tchã, tchã, tchã! — o irmão aparece, vivinho da silva! Elvis fica com o maior sentimento de culpa por ter herdado a namorada do irmão, mas apesar de todos os pesares e da tremenda confusão que se instala, ele dá um jeito de cantar algumas músicas bem legais, inclusive a canção-título, "Love me tender", que já estava no topo das paradas de sucesso. Vance acaba morrendo de verdade, defendendo o agora marido da namorada — seu irmão — num tremendo tiroteio.

***Nos bastidores:*** Dizem que Elvis ficou tão excitado com seu primeiro filme que decorou não só as suas falas, mas também as de todos os outros personagens! Também andou confundindo um bocado ficção com vida real. Olhe só: numa cena, o roteiro diz que "Clint", que estava uma fera e tinha sacado o revólver, ficava tão furioso que nem dava bola para a mãe, quando ela lhe pedia que largasse a arma.

*Elvis e sua pélvis*

Elvis devia, portanto, fazer o mesmo, isso é, não dar bola. Mas, no ensaio, quando chegaram a essa cena e a mãe do Clint disse: "Largue essa arma, filho!", Elvis obedeceu imediatamente. O diretor ficou roxo de raiva e perguntou ao Elvis por que não fez o que o roteiro mandava. Elvis, meio sem graça, respondeu que largou o revólver porque a mãe "dele" tinha mandado! Isso é que é rebelde fora do ar!

***Fique por dentro***: Na entrada do cinema de Nova York, onde o filme ia estrear, havia um cartaz do Elvis de quinze metros de altura. Quando o cinema abriu, às oito da manhã do dia 15 de novembro de 1956, centenas de jovens estavam esperando para saborear seu ídolo no café da manhã. Mesmo depois de os "bedéis" de Nova York terem mandado um montão deles de volta para a escola (pois é, a prefeitura tinha uns funcionários que saíam pela cidade caçando alunos que matavam aula!), ainda sobrou uma fila de 1500 fanáticos por Elvis!

Quando o filme entrou em cartaz, o Coronel mandou todos os gerentes de cinema espiar debaixo das cadeiras, no fim de cada sessão, para ver se não tinha nenhum fã escondido, esperando a sessão seguinte começar para assistir de novo — desta vez de graça!

## *Entreato: o Superorelha*

Decorar suas falas certamente não era um problema para o Elvis. Dizem que tinha uma memória incrível e um poder de concentração fenomenal. Seus amigos o chamavam de

*Vou me ver no cinema*

Superorelha, porque era capaz de conversar com alguém e ao mesmo tempo ouvir o que as outras pessoas estavam dizendo. Um amigo conta que uma vez estava assistindo ao noticiário das dez da noite com Elvis quando percebeu que ele "ecoava" palavra por palavra o que o locutor dizia. Quando o amigo lhe perguntou como conseguia fazer isso, respondeu que tinha ouvido o noticiário às seis da tarde e se lembrava mais ou menos de quase tudo. Não é por nada que ele assombrava a mãe e o pai, quando era criança, por se lembrar de todas as letras de todas as músicas que ouvia no rádio!

Em cartaz na SALA 2:

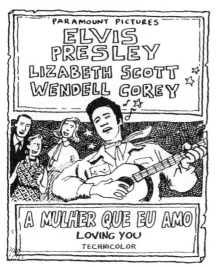

**Enredo:** Caminhoneiro interiorano, Deke Rivers (encarnado pelo Elvis, claro!) entra para uma banda de música country. É descoberto por uma agente sem muitos escrúpulos e acaba alcançando a fama como roqueiro. (Não está parecendo a história de alguém que você conhece?)

***Nos bastidores:*** Gladys e Vernon foram assistir às filmagens do filhinho e ficaram fascinados com Hollywood e com a zorra que envolve a realização de um filme. Quando voltou para casa, Gladys contou tudo o que viu a parentes e amigos. Disse que havia uma multidão girando

*Elvis e sua pélvis*

ao redor do "seu garoto", gente que o penteava, gente que o ajudava a se vestir e... até gente que vinha perguntar se ele estava "pronto para trabalhar"! Uma das coisas que mais espantaram Gladys foi que os diretores usavam apenas uns vinte figurantes nas cenas de multidão: ela sempre pensou que havia mesmo milhões de pessoas nessas cenas. (Você também, né?) Gladys e Vernon trataram logo de arranjar *o* símbolo de status na Hollywood dos anos 50: um poodle! Um para cada um: o de Vernon se chamava Pierre; Gladys batizou o seu de Duke (duque), que era o apelido do seu ator predileto, John Wayne. E mandou fazer para ele uma coleira de brilhantes (falsos).

Gladys e o marido aparecem de relance numa cena do filme, aquela em que Elvis desce do palco e passa entre o público (ela é a senhora de casaco azul). Gladys já estava muito doente na época da filmagem e, depois que ela morreu, Elvis nunca mais conseguiu assistir ao filme em que sua mãe figurou.

## *Entreato: Elvis Cascão?*

Quando Elvis foi fazer seu primeiro teste em Hollywood, os mandachuvas disseram que ele tinha muita "presença cênica" e uma tremenda "aura" pessoal. As recepcionistas da companhia disseram que ele exalava também outra espécie de aura, tão

poderosa que elas tinham de tapar o nariz com o lenço. Parece que, embora Elvis parecesse sempre impecável, nem sempre tinha um cheirinho agradável e não era muito chegado num banho. As tais recepcionistas não foram as únicas a notar o cheirinho do Elvis. Uma pessoa que o acompanhou em turnês conta que, quando ele tirava as meias, o chulé empesteava o ambiente, e mesmo assim ele as jogava na mala junto com as outras roupas igualmente "perfumadas", e lá as deixava.

Em cartaz na SALA 3:

***Enredo***: Vince Everett (Elvis) vai em cana por ter apagado um cara num boteco. Mata o tempo aprendendo a cantar e a tocar violão. Quando sai do xilindró, conhece uma agente bonitinha que o ajuda a se tornar um astro do rock (já não vimos essa história?). Passado um tempinho, a fama lhe sobe à cabeça, ele fica um chato arrogante, briga com Hunk, seu colega de cela, e acaba no hospital. O que só lhe faz bem, porque, quando sai de lá, curado, vira um cara superlegal.

***Pequeno detalhe***: Na parede da cela do Elvis tem um retrato do Red Foley, o cara que compôs "Old shep".

*Elvis e sua pélvis*

**Nos bastidores:** O filme é famoso por suas cenas de canção e dança, inclusive aquela em que os presos escapam mas voltam, porque o diretor da prisão está dando uma festa animada demais para eles perderem.

O ponto alto da cena é o número "Jailhouse rock", quer dizer, "o rock da cadeia", em que os prisioneiros festeiros escorregam por um daqueles postes de bombeiro. Durante os ensaios, Elvis ficou tão animado com a cena que mal aguentava esperar sua vez. Mas, quando ela chegou, ele escorregou poste abaixo com tamanho entusiasmo que perdeu a jaqueta de um dente.

Quando toda a equipe — elenco e técnicos — estava de quatro no estúdio, procurando a tal jaqueta do dente, ele disse ao diretor que sentia alguma coisa chacoalhando dentro do peito. Não acharam a jaqueta. O que acharam é que o Elvis estava imaginando coisas, de modo que continuaram o ensaio. Mas aí o Elvis contou ao diretor que um dos seus pulmões estava assobiando! Descobriram então que o barulho que ele estava ouvindo era o da jaqueta do dente que tinha caído no pulmão (ele a tinha aspirado) e que agora guinchava cada vez que o Elvis respirava. Foi levado imediatamente para o hospital, onde um cirurgião teve de fazer uma operação delicada, que envolveu o pescoço todo do Elvis, inclusive suas cordas vocais (isso mesmo, as cordas vocais do Elvis Presley!) e fuçou seu pulmão em busca da tal jaqueta perdida!

*Vou me ver no cinema*

O engraçado é que, no filme, tem uma cena em que o Hunk dá um soco no gogó do Vince, que vai parar no hospital, e todo mundo se pergunta se ele vai voltar a cantar.

## A GAROTA DA VEZ: URSULA ANDRESS

(Pelo menos foi o que andaram espalhando...) Ursula trabalhou com Elvis no filme *O seresteiro de Acapulco*, de 1963. Elvis não estava nada entusiasmado em atuar com ela, principalmente nas cenas em que ele tinha de tirar a camisa. Por quê? Porque os ombros dela eram maiores que os dele!

Com todo aquele megassucesso que faziam seus filmes, seus discos etc. e tal, caudalosas torrentes de grana enchiam a conta bancária do Elvis. Graças a essa bufunfa toda, ele podia comprar para a mãe e o pai tudo o que tinha prometido, como um par de Cadillacs cor-de-rosa, uma casa nova e uma porção de eletrodomésticos para dar um descanso a Gladys.

Uma das primeiras coisas que o Elvis comprou para a mãe foi um liquidificador automático de último tipo. Não passou muito tempo e comprou outro! A vendedora da loja estranhou, e o Elvis explicou gentilmente que Gladys estava com as pernas ruins e tinha dificuldade para andar até a engenhoca, por isso ele resolveu comprar mais um liquidificador. Assim ela teria um em cada canto da mesa, e não precisaria ficar indo e vindo pela cozinha. Isso é que é filho!

## Problemas na vizinhança

Ter toneladas de dinheiro nem sempre traz felicidade. Dinheiro resolve velhos problemas, mas às vezes cria novos. Tanto assim que as pessoas que moravam perto da casa

*Coração de mãe*

nova de Gladys e Vernon em Memphis não estavam nem um pouco contentes com seus vizinhos famosos. Para início de conversa, estavam escandalizadas com o fato de que a mãe do Elvis pendurava a roupa lavada no varal, em vez de secá-la numa secadora. Aquele costume caipira podia ser aceitável nas favelas de Tupelo, mas era inconcebível nos bairros grã-finos de Memphis.

Mas o que mais chateava a vizinhança eram as hordas de fãs que zanzavam pelas ruas dia e noite, na esperança de ver o Rei (como Elvis começava a ser chamado), quando visitava a mãe. Quando Gladys contou ao Elvis que aquela vizinhança metida a besta tinha até iniciado um abaixo-assinado para tentar despejá-los, ele ficou passado. Ainda mais que os Presley provavelmente eram a única família da rua a ser proprietária da casa onde morava! Ele teve então a brilhante ideia de comprar todas as outras casas da rua e despejar os vizinhos! O que não os deixou nada contentes. Mas o problema acabou solucionado de outro modo, com Elvis despejando uma montanha da sua inesgotável fortuna!

*Elvis e sua pélvis*

Um dia, Vernon e Gladys passeavam por Memphis num dos seus Cadillacs cor-de-rosa quando deram com a mais incrível, a mais linda, a mais enorme mansão à venda, num maneiro terreninho de 73 mil metros quadrados, e muito bem situada, a dois passos das lojas.

Apaixonaram-se na hora! Contaram para o Elvis, que logo depois comprou para eles a modesta casinha chamada...

*Coração de mãe*

Vernon e Gladys ficaram encantados com aquela mansão tão grande e tão chique, mas, como bons ex-caipiras que eram, acharam que faltavam uns detalhes que lembrassem os velhos tempos em Tupelo e os fizessem sentir-se em casa. Vernon comprou então uns porquinhos e Gladys decidiu-se por criar galinhas e aves em geral. Elvis, seu pai e um dos "gorilas", que agora faziam a segurança do Rei, pularam no

Salão selvagem

Chiqueiro do papai

Galinheiro da mamãe

*Elvis e sua pélvis*

seu enorme Cadillac amarelo e rumaram para uma fazenda nos arredores, onde adquiriram uma porção de criaturas cacarejantes, quaquaquejantes, gluglulejantes, coinchantes. Mas em vez de fazer a coisa mais sensata, isto é, pedir ao fazendeiro que entregasse a bicharada, meteram um peru, dois pavões, oito patos e vinte galinhas na traseira do Cadillac e dispararam para Graceland.

Quando chegaram em casa e Gladys viu Vernon e o "gorila" cobertos de penas e titica, ela quase rebentou de rir.

Numa outra expedição parecida, Elvis foi comprar vinte gansos num Cadillac, porque tinha ouvido dizer que os gansos adoravam aparar a grama, além de serem ótimos vigias.

*Coração de mãe*

# Às voltas com a caretice

Para toda reação positiva há uma negativa. Enquanto milhões de pessoas eram loucas por Elvis, outras tantas ficavam doidas de raiva por causa dele. A tribo dos coroas caretas estava preocupada com seus filhos adolescentes, especialmente com aquela mania que eles tinham de berrar que nem loucos e até rolar no chão nos concertos do astro.

Resultado: um monte de gente achava que ele era um perigo e acabou culpando-o por todos os males da sociedade, mesmo que ele não tivesse nada a ver com o pato.

*Miami, Estados Unidos, 1956* O jornal *Miami News* acusou Elvis de ser o maior blefe da história do *showbiz*. Dizia que ele não sabia cantar, nem tocar guitarra, nem dançar e que seus shows eram assistidos por não mais de 2 mil idiotas. (Fora isso, achavam que ele era um rapaz brilhante.)

*Elvis e sua pélvis*

*Los Angeles, Estados Unidos* Um pelotão de meninas de uma escola queimou em público um retrato do Elvis em tamanho natural, enquanto pediam a Deus que perdoasse todas as outras adolescentes destrambelhadas que adoravam aquele endemoniado e até tentavam roubar o cadarço dos sapatos dele.

*Oriente Médio* Em 1958, o governo iraniano lançou uma campanha anti-Elvis e proibiu as rádios de tocar seus discos. O rock também foi proibido no Egito, porque os médicos disseram que tanto rebolado causava problemas na coluna de muitos adolescentes.

*Sul dos Estados Unidos* A sórdida organização racista conhecida como Ku Klux Klan percorria cafés e bares dos estados sulistas dos Estados Unidos para verificar se havia algum disco do Elvis (ou de qualquer outro roqueiro) nas *jukeboxes*. Se tivesse, mandava tirar.

*Ottawa, Canadá, 1957* A superiora de um convento anunciou no sistema de alto-falantes da instituição que nenhuma das alunas devia assistir ao show do Elvis na cidade. Todas tiveram de escrever no quadro-negro um juramento, prometendo passar longe do concerto. Oito aprendizes de

*Coração de mãe*

freira desobedientes foram pegas no show e expulsas do convento.

*Los Angeles, Estados Unidos* Um juiz disse ser curioso que todo delinquente juvenil trazido diante dele tivesse um penteado igualzinho ao do Elvis. Disse mais: que gostaria que o Elvis nunca tivesse nascido!

*Em todos os Estados Unidos* Quando apareceu pela primeira vez na TV, a pélvis requebrante do Elvis e suas pernas gingantes deixaram um montão de gente chocada. Em 1957, não querendo incomodar seus telespectadores, os mandachuvas da TV decidiram que o Elvis só seria mostrado da cintura para cima (o chamado plano americano).

Ainda em 1957, o célebre cantor e astro de Hollywood Frank Sinatra disse que os cantores e músicos de rock eram uns "arruaceiros cretinos". Numa entrevista, Elvis disse diplomaticamente que admirava muito Frank, mas que ele não devia dizer essas coisas do rock.

*Elvis e sua pélvis*

*México*  O governo mexicano tinha tamanho pavor do tumulto que Elvis poderia causar que ele foi proibido de pisar no país!

*Colorado, Estados Unidos*  Em 1959, os DJs de uma rádio do Colorado resolveram quebrar todos os discos de rock. Espatifaram um disco a cada cinco minutos, até toda a coleção de quinhentos exemplares ser destruída.

*Rússia*  Em 1958, a Rússia (então União Soviética) acusou Elvis de ser o inimigo público número um do país. Dizia que os Estados Unidos estavam usando o roqueiro para mover uma guerra psicológica contra os russos. Trocando em miúdos, cismaram que os americanos estavam usando o Elvis para tornar os jovens soviéticos descontentes com seu país e seu maravilhoso modo de vida.

*Coração de mãe*

Mas os soviéticos esqueceram de um detalhe importante:

*Estados Unidos, outubro de 1956* Um pastor de igreja disse que os movimentos de corpo do Elvis eram vulgares e que ele era sinônimo de desordem e confusão para a juventude americana. Elvis foi educado para ser um "bom rapaz" e durante toda a infância frequentou regularmente a igreja; por isso, quando um repórter lhe perguntou como ele se sentia depois de ouvir as críticas do pastor, ele respondeu...

*Fiquei muito magoado. Deus me deu essa voz. Nunca dancei de maneira vulgar. Eu só bamboleio um pouco, só isso.*

No verão de 1956, Elvis devia dar outro concerto em Jacksonville, onde ele tinha causado aquele tremendo estouro da boiada um ano antes, quando convidou todo mundo a ir vê-lo nos camarins. As autoridades temiam outro tumulto, de modo que o juiz local mandou Elvis suspender seu rebolado. Bom rapaz como era, Elvis obedeceu ao juiz, e fez o show paradão no palco. Mas rebolou o dedinho mindinho para as fãs. O rebolado discretíssimo deixou as meninas ainda mais enlouquecidas do que o velho conhecido de corpo inteiro. Mais tarde, Elvis disse que naquele dia as meninas gritaram tão alucinadamente como ele nunca ouviu.

O Coronel, hábil como sempre, não deixou a cambada anti-Elvis perturbá-lo. Vendeu para eles uns bótons de "Eu odeio Elvis" e botou a grana no banco, com um sorriso de orelha a orelha. Mas uma pessoa ficou realmente transtornada com as críticas que Elvis vinha sofrendo: sua mãe. Gladys era uma mulher muito religiosa e aqueles comentários pesados dos pastores deixaram-na arrasada. Ela bem que teria gostado de conversar com o filho a esse respeito, mas ele estava sempre em turnê ou fazendo filmes e discos. Quanto mais famoso Elvis ia ficando, mais deprimida ia ficando sua mãe.

## Carta de uma fã (1957)

AO GRANDE E MARAVILHOSO, "PRIMEIRO E ÚNICO" ELVIS PRESLEY — ONDE QUER QUE VOCÊ ESTEJA! x x x x

*Querido Elvis,*
*Espero que você não fique zangado comigo por te escrever desse jeito, mas achei que era a única maneira que eu tinha de te falar, porque você está sempre indo de um lado para outro do país e rodeado por essa gente inconveniente da cidade.*
*Elvis, eu te idolatro. Sou sua fã número um. Acho que você é o ser humano mais*

*Coração de mãe*

*maravilhoso desta terra de Deus. E tudo o que eu quero é estar perto de você. Ficaria feliz se tivesse que dar minha vida em troca da sua. Você está destroçando meu coração (aposto que todas as garotas dizem a mesma coisa para você).*

*Acompanhei sua carreira desde o início. Desde o início mesmo. E vi seu talento crescer e florescer. Agora você está no auge... não há dúvida! Eu sei disso! Costumava ir aos seus concertos, mas não vou mais. O Coronel Parker não deixa. Por isso agora só leio a respeito do seu sucesso nos jornais. Também li todas essas coisas horríveis que as pessoas andam dizendo. Isso mexe comigo. Especialmente quando se trata de gente da igreja, dizendo que você está fazendo o jogo do demônio. Porque você foi educado para ser um bom rapaz. Tanto nos bons como nos maus momentos! E, acredite, maus momentos não faltaram.*

*Agora imagino que muita gente vá dizer que as coisas estão indo muito bem. Para você... e para mim. Tenho um baita casarão. Tenho um monte de empregados... tenho liquidificadores a sair pelas orelhas!! Mas, Elvis, não sou feliz. Minha vida está tão vazia! Porque não tenho mais o meu garoto!*

*Elvis e sua pélvis*

Filho (sim, sou eu, sua mamãe, mas acho que você já tinha desconfiado!), vivi a vida toda só para você. Mas agora você tem o Coronel, os Caras e as garotas. Garoto... você fisgou as garotas! Mas não me entenda mal, filho. Eu gosto de algumas das suas namoradas... Especialmente aquela simpática Dottie Harmony. Mas o fato é que minha vida parece não ter mais sentido agora. Tudo o que eu fiz foi por você. Nada me deixava mais feliz do que passar a manhã toda preparando seu bolo de coco predileto, depois ver você se sentar na nossa velha mesa da cozinha e comer tudo de uma vez só, ou gastar meus dedos até o osso em alguma fábrica para poder te comprar uns doces ou um brinquedo. Mas agora não preciso fazer nada disso. Então não tenho mais do que me ocupar. A única coisa que faço é ficar sentada nesse casarão, aflita, me perguntando se você está bem, se aquelas fãs não estão te rasgando em pedacinhos.

Elvis... às vezes eu desejo que... ficássemos pobres de novo! Num barraco, perto dos nossos vizinhos de antigamente. E, o melhor de tudo: que voltássemos a ser nossa pequena família de três! O que eu mais gostaria é que você largasse

*Coração de mãe*

mão desse seu rock-'n'-roll e abrisse uma
lojinha de móveis aqui em Memphis. E
depois se casasse. Mas isso é o que eu
gostaria. Só que não é a <u>sua</u> vida, filho. E
eu só desejo o que for melhor <u>para você</u>.
E o que fizer <u>você</u> feliz.
♡ Abraços e beijos
× Da sua mamãe que
× tanto te ama. ×××

PS. Desculpe as manchas das lágrimas.
PPS. Comprei para você um pouco
 daquela costelinha de porco que você
 tanto gosta. Acho que vou prepará-la
com verduras da minha hortinha. Mas
não sei quando você volta para casa.

## A GAROTA DA VEZ: DOTTIE HARMONY

Elvis viu Dottie pela primeira vez numa boate, em que ela era dançarina. Mandou seus "gorilas" falarem com ela, mas ela mandou os caras passearem. Resultado: Elvis ajoelhou-se aos pés da moça dizendo que ela era a mulher mais linda do mundo! A baba colou, e ela saiu com ele. Elvis disse que ela devia parar de fumar; ela jurou que iria... se ele parasse de roer as unhas! Quando tomou um

*Elvis e sua pélvis*

avião para Memphis, para passar o Natal com Elvis e sua família, chegando ao aeroporto encontrou um comitê de recepção formado pelas garotas da cidade, que brandiam cartazes: "VOLTE PARA CASA, DOTTIE HARMONY!". Enquanto ela esteve na cidade, Elvis lia a Bíblia todas as noites e eles passeavam por Memphis vestidos de motociclistas. Um casal perfeito! Foram fazer umas comprinhas: o Elvis comprou um macaco, que Dottie levou para casa no colo; mas, no caminho, o símio aproveitou para fazer umas macacadas no vestido dela. Pararam num posto de gasolina para ela limpar a roupa, e aí foi aquela confusão que você já sabe. Ficar a sós com Elvis Presley? Nem pensar!

## De mal a pior

Em quase todas as fotos de Gladys entre 1956 e 1958, ela parece muito deprimida. Você acha que ela deveria estar toda contente, né? Afinal, nesse período, ela saiu da miséria para viver numa mansão, que nem em sonhos ela teria sido capaz de imaginar. E viu seu filho se tornar o músico mais famoso do mundo. Muita gente acha que ela devia ser a mãe mais orgulhosa e feliz de que já se ouviu falar. Mas não era. E logo quando ela já estava deprimida por não ter mais seu garoto por perto, aconteceu uma coisa que a fez pensar que podia perder de verdade seu Elvis querido: ele foi convocado para o serviço militar!

## BLUES DO PRACINHA

Quando se soube que o Elvis tinha sido recrutado para o Exército, todo mundo ficou arrasado. Os únicos que não ficaram foram: 1) o calmo e calculista Coronel Tom Parker; 2) os outros roqueiros, que se animaram com a possibilidade de preencher o espaço que o Rei ia deixar vago; 3) os milhões de namorados, que acharam que com o Elvis longe suas garotas iam dar mais bola para eles.

Quanto ao próprio Elvis, não ficou nem um pouco contente por ter de trocar seu paraíso musical pelo purgatório da ordem-unida, mas resolveu levar a coisa na esportiva, até porque não tinha mesmo opção (e o Coronel já tinha dito que ele ia fazer o serviço, portanto ponto final).

*Elvis e sua pélvis*

## DIÁRIO PERDIDO DO ELVIS (23 anos)

### 24 de março de 1958

Taí! Fui convocado pra o Exército dos Estados Unidos. Logo quando eu começava a me DIVERTIR pra caramba! Mas não tem jeito, tenho que ir! Cá entre nós, caro diário, não estou nem um pouco feliz! E minha mãe e todas as minhas fãs estão chorando que nem umas desesperadas! Mas vou servir o maior país do mundo, não vou? Agora, em vez de ser o Rei do Rock, vou ser apenas o soldado Presley 563310761, com um soldo de 78 dólares por semana! Quando os jornalistas me perguntaram como eu me sentia, respondi: "Milhões de outros rapazes foram convocados. Não quero ser diferente de ninguém!". O Coronel achou que era uma ótima resposta, em vez de ficar chorando pitangas!

(balão: "TIO SAM TE CHAMA!")

### 25 de março

Cara, lá se foi meu cabelo! O barbeiro do Exército me escalpelou hoje! E na frente de todos os fotógrafos do mundo! Fiquei arrasado, mas não queria que eles percebessem, daí sorri e disse: "Cabeludo um dia, careca no outro! Quá quá quá!". E eles caíram na gargalhada também. Nunca perco o rebolado...

*Blues do pracinha*

Antes →   ← Depois

Quando me mediram, disseram que eu não estava tão alto quanto de costume. Só 1,80 metro. Pô, cinco centímetros a menos! Tudo bem, recupero quando der baixa! Os jornalistas estiveram aqui na base, me obrigaram a arrumar meu beliche quinhentas mil vezes! Só pra tirar um montão de fotos pras minhas fãs.

### Março
Ai, que saudade de casa!
Telefono sempre pra minha mãe, mas não adianta. Alguns soldados da base encarnaram em mim, dizendo gracinhas tipo: "Tá sentindo falta do teu ursinho?", "Ué, perdeu o rebolado?". Eles estão é morrendo de inveja, não acha? Em todo caso, nunca vou deixar que me peguem chorando!

### Julho
Mamãe está doente, foi parar no hospital. Estamos muito preocupados com ela.

### 12 de agosto
Mamãe piorou! Estamos mais preocupados que nunca!

### 14 de agosto
Aconteceu uma coisa terrível, tão ruim que nem consigo escrever!

*Elvis e sua pélvis*

# TRIBUNA CAIPIRA

15 de agosto de 1958

# MEMPHIS CHORA A MÃE DE ELVIS

Gladys Love Presley, 46, mãe de Elvis Aaron Presley, 23, morreu. Gladys ficou doente semana passada e foi levada às carreiras para o hospital de Memphis, onde veio a falecer. Seu marido, Vernon, estava à sua cabeceira e seu adorado Cadillac cor-de-rosa, estacionado num lugar onde ela podia vê-lo da cama. Uns dizem que foi a bebida que a matou, outros que foi a tristeza, mas os médicos dizem que na verdade seu fígado é que pifou. (Esses doutô devem saber de que tão falando!) Elvis, seu filho único, ficou muito deprimido. Ele e o pai, tadinhos, ficaram sentados ali, nos degraus da Graceland, chorando até ensopar as meias, andando de um lado para o outro, numa tristeza de dar dó.

No velório de Gladys, em Graceland mesmo, passaram umas 3 mil pessoas, que foram lá apresentar suas condolências. Diz que o Érvis olhava para a mamãe dele e soluçava: "Mãezinha, eu daria até meu último tostão e passava o resto da vida cavando vala na estrada para ter você de volta". Gladys era uma boa mulher, decente e amável, que nunca tratou ninguém mal. Sempre deu o melhor de si para o seu filho e o seu marido. Descanse em paz.

## DIÁRIO PERDIDO DO ELVIS (23-24 anos)

### 25 de agosto de 1958

Todo mundo quer me paparicar, depois do que aconteceu com minha mãe. A polícia rodoviária do Tennessee me levou pra dar uma voltinha de helicóptero e até me deixou pilotá-lo um pouco. Recebi mais de 100 mil cartões e cartas de fãs, dizendo que estavam muito tristes com o que aconteceu! Puxa, eles devem mesmo gostar muito de mim! Que seria d'eu sem meus fãs e minhas fãs?!

### 27 de setembro

Estou a bordo de um navio, indo pra Alemanha com outros mil soldados. Quando partimos de Nova York, havia uma multidão de fãs e centenas de jornalistas no cais. Todo mundo querendo me ver! Os fotógrafos me fizeram subir a prancha de embarque com um saco de lona nas costas. Não era o meu (já estava a bordo!), mas eles queriam uma boa foto pros fãs. Divido a cabine com um carinha chamado Charlie Hodge. Ele é do Tennessee e também é músico. É um cara superlegal, muito engraçado, cheio de piadas e brincadeiras. Está o tempo todo me divertindo, pra que eu não pense

*Elvis e sua pélvis*

muito na minha mãe! Até tocamos umas
músicas country pra rapaziada a bordo.

### Novembro de 1958

Meus oficiais dizem que sou um bom
soldado! Ah, sabe o que mais? Todos
os meses ganho o prêmio de soldado
mais bem vestido! Afinal, os milhões
de dólares que recebo são pra gastar,
né? Engraxar minhas botas e passar
minhas calças também serve pra
manter a rapaziada ocupada! E tem
mais: tenho certeza de que os caras
lá da Alemanha também vão me dar uma
forcinha!

### Janeiro de 1959

Ops! Eu e a moçada fomos despejados do
Hotel Grunewald. Não sei por quê, só
estávamos nos divertindo: fazendo duelos de
pistola d'água, lutando no corredor, tocando
piano e cantando a noite inteira... Nada de
mais, né? Bom, também fizemos umas
batalhas de creme de barbear. Uma hora, o
Red me perseguiu, então me tranquei no
quarto. Ele tocou fogo nuns
papéis e enfiou por baixo
da minha porta, pra fumaça
me obrigar a sair. O
gerente do hotel não gostou
dessa inocente

brincadeirinha, por isso estamos de mudança pra uma casinha que alugamos.

Fevereiro de 1960
OBA! Tô saindo do Exército! Já, já tô de volta à minha vida de roqueiro-astro do cinema, nos maravilhosos Estados Unidos! Mal consigo esperar. Mas fico um pouquinho triste por ter que me despedir daquela gracinha da Priscilla, com quem andei saindo. Ela é superdemais! Tomara que a gente possa se ver de novo logo. Ela só tem catorze aninhos. E daí, que mal tem isso?

Março de 1960
Enfim de volta a Graceland.
Mas minha mãezinha querida não está mais aqui pra me receber. Estou <u>muito</u> triste.

## A GAROTA DA VEZ: PRISCILLA BEAULIEU

Elvis conheceu Priscilla, uma garota de catorze anos, numa festa na base militar americana. O padrasto dela era capitão da Força Aérea. Quando Elvis soube que ela ainda estava na escola, perguntou em que ano, e ela respondeu que estava na oitava sé-

*Elvis e sua pélvis*

rie. "Nossa, você é uma criança!" Quando foi apresentá-la para a avó, comeu (ele, o Elvis, não ela, a Priscilla) cinco enormes sanduíches de bacon babando mostarda, enquanto conversavam. (Ele era célebre por suas refinadas técnicas de bate-papo.)

Depois que partiu da Alemanha, Elvis manteve contato com Priscilla, que acabou indo morar com ele em Graceland, mas só se casaram de papel passado em 1967. O casamento causou um grande mal-estar entre os velhos amigos e os "gorilas" do Elvis, porque a maioria deles não foi convidada para a cerimônia religiosa. Um deles ficou tão chateado que disse que nunca mais trabalharia para o Elvis, trancou-se no quarto do hotel e não foi à fabulosa comilança a que meio mundo foi convidado e que incluía delícias como leitão assado, frango frito, ostras, champanhe e um bolo de noiva de seis camadas, enfeitado com pérolas de confeito e corações cor-de-rosa.

O casamento durou seis anos. Elvis e Priscilla se divorciaram em 1973.

Enquanto estava no Exército, Elvis tinha um grupo de caras que lhe faziam companhia e alguns servicinhos esquisitos. Não eram soldados, eram membros da sua "gangue pessoal", conhecidos como "os Caras" ou a "Máfia" de Memphis. Entre sua baixa do Exército, em 1960, e sua morte, em 1977, ele esteve mais ou menos o tempo todo rodeado por sua "máfia". Cuidavam de todos os assuntos: da sua segurança pessoal, da sua aparência, enfim, de tudo e mais um pouco. Daí a sigla da sua patota: TCB, "Taking care of business", o que quer dizer cuidando dos negócios — mas, para coincidir com a sigla, poderíamos dizer: "Tomando Conta da Bodega".

*Elvis e sua pélvis*

1. Morrer pelo Rei

Assim que o Elvis começou a ficar famoso, todo mundo começou a se preocupar com que alguém pudesse machucá-lo de algum jeito. Por exemplo, um namorado, doido de ciúme da namorada que não parava de dizer que amava o Elvis, podia tentar dar-lhe um tiro! Ou uma garota completamente pirada por ele podia ter tanto ciúme das suas namoradas que poderia tentar acabar com o lindo rostinho do Elvis enquanto ele dormia, lavando-o com ácido ou arrebentando-lhe o nariz.

Para protegê-lo dessas eventualidades, os Caras não desgrudavam um segundo do Elvis e sempre andavam armados, de modo a transformar em presunto cru um eventual assassino. Se alguém quisesse atacar o Rei de uma maneira ou de outra, os Caras corriam instantaneamente para se interpor entre ele e a ameaça, qualquer que fosse ela: soco, bala, faca... Eles é que acabavam levando o troco!

2. Emagrecer pelo Rei

Elvis tinha a maior dificuldade para manter a linha, por isso vivia fazendo regime. Às vezes passava semanas comendo um só tipo de coisa, como iogurte ou alfafa, na esperança de ficar novamente com o corpinho em cima. Fazer re-

*A guarda do Rei*

gime não é sopa, ainda mais quando todo mundo ao seu redor está se entupindo de gostosuras! Por isso, quando Elvis estava de regime, todos o acompanhavam. Se o Rei comia iogurte até sair pelas ventas, os Caras tinham de comer iogurte até sair pelas ventas. Eles também tinham por obrigação esconder tudo que fosse comida e guloseima quando o Elvis estava de dieta. E aguentar a maior bronca quando o Rei não encontrava as iguarias proibidas.

3. Encarregar-se dos pepinos do Rei

Em 1970, um baterista chamado Jerry Carrigan participou de uma gravação do Elvis. Bem quando Jerry estava sentindo aquela fominha, entrou um cara no estúdio trazendo um enorme pote de pepino em conserva. Um ou dois dos Caras pegaram uns pepinos e começaram a saboreá-los com gosto. Com água transbordando na boca ao ouvir o irresistível "scrunch, scrunch" daqueles picles crocantes, Jerry resolveu atacar os pepinos também. Quando ia meten-

*Elvis e sua pélvis*

do a mão no pote, um dos "gorilas" lançou-lhe um olhar ameaçador e rosnou para ele...

4. Manter o Rei longe dos pepinos

Quanto mais famoso Elvis ficava, mais corria o risco de ser atacado (e até cortado em pedacinhos) por suas fãs enlouquecidas, que só pensavam numa coisa: precisamente, ter um pedacinho dele só para elas. Por isso os Caras tinham de bolar maneiras cada vez mais complexas de protegê-lo. Quando esteve filmando em New Orleans e quis voltar para o hotel, ele atravessou a cidade deitado no chão de uma ximbica, na esperança de que ninguém desconfiasse de que ele, o Rei, andava numa lata-velha como aquela. Como não dava para ir direto ao hotel, que vivia cercado por um exército de fãs, os Caras estendiam uma série de passarelas de corda entre o teto de um edifício e outro, de modo que ele pudesse passar até o hotel, depois descer pela escada de incêndio e entrar pela janela do quarto sem ser visto!

5. Manter a pose

Quando Elvis foi a Hollywood pela primeira vez, levou os Caras junto. Além de parecerem à vontade e protegerem o Rei, eles não tinham muito o que fazer. Para dar a todo mundo a impressão de que eram pessoas ocupadas e importantes, com um objetivo bem definido na vida — em vez de (como muita gente achava) uns parasitas que viviam às custas de um velho amigo que virou mega-star internacional —, todos eles usavam óculos e ternos escuros e andavam sempre com uma pasta de executivo na mão. (Nada como uma pasta de couro para fazer de um joão-ninguém um mané-alguém.) Não que levassem muita coisa nas pastas, não. Dizem que um primo do Elvis, o Gene Smith, carregava na dele uma escova de cabelo e uma maçaneta (vá saber para quê!).

6. Cuidar dos assuntos em geral (e usar o *crachá*!)

Elvis deu a cada membro da sua máfia um colar de ouro de catorze quilates, com um "medalhão" especial finérrimo. O medalhão trazia gravado um raio como o do Capitão Marvel e a sigla TCB (sigla de "Taking care of business", como você já sabe).

7. Cuidar do Rei enquanto ele faz o que eles não podem fazer por ele!

Sempre que o Elvis ia ao banheiro (os mega-stars também usam o banheiro, pode crer!), os "gorilas" o acompanhavam. Não que entrassem com ele no sagrado recinto, mas barravam a entrada da latrina enquanto o Rei estava lá.

ATENÇÃO: trecho impróprio para menores de doze anos e meio. Os Caras ganharam um apelido maroto por essa

*Elvis e sua pélvis*

história de fazerem quase tudo para o Elvis: os "cata-peido". Vai ver que era mesmo o que faziam quando acompanhavam Elvis ao WC...

8. Serem divertidos... mas não muito inteligentes

No início da década de 60, um repórter "sugeriu" ao Elvis que seus acompanhantes não eram propriamente o que se pode chamar de intelectuais e perguntou se ele às vezes não gostaria de ter em sua companhia pessoas com quem pudesse bater papos mais sérios e até aprender alguma coisa. Elvis não gostou do comentário e respondeu que não queria viver cercado por um bando de intelectuais. Acrescentou que, como só se tem uma vida, o importante era viver rodeado de gente com quem você se divertisse.

9. Virar a noite com o Rei

Elvis adorava cinema, mas só começava a assistir aos filmes depois da meia-noite. Alugava a sala de cinema local e fazia a patota toda ficar lhe fazendo companhia até altas horas da madrugada, vendo um filme depois do outro. Se o filme ficava chato, mandava o projecionista acelerar, mas quando chegava a uma parte de que ele gostava muito, mandava voltar e passar novamente a mesma cena. Às vezes assistia à mesma cena cinco, seis vezes seguidas! Os Caras quase nunca aguentavam tanto filme e caíam no sono. Se Elvis ouvia alguém roncando, mandava um dos Caras descobrir quem era e acordar o dorminhoco — ou *os* dorminhocos!

10. Ficar sempre "na sua"

Uma coisa que Elvis exigia dos seus Caras era a mais completa discrição. Ele era um mega-star internacional e os jornalistas do mundo inteiro faziam de tudo para descobrir o mais ínfimo detalhe da sua vida, a fim de noticiá-lo rapidamente para os milhões de leitores loucos para saber tudinho sobre o Rei. Uma vez Elvis disse a um dos seus capangas, digo, acompanhantes, que eles dois seriam amigos para o resto da vida, se o "gorila" em questão ficasse sempre "na dele". Com isso Elvis queria dizer, entre outras coisas, que não admitia que ninguém da sua patota passasse adiante qualquer tipo de informação sobre sua vida, muito menos ficasse alimentando fofocas sobre sua intimidade — tipo se ele escovava ou não os dentes antes ou depois de lavar o rosto, se enfiava primeiro a meia do pé direito ou do pé esquerdo... Mas nos anos 70, dois dos mais antigos guarda-costas do Elvis traíram-no vilmente, escrevendo um livro sobre alguns dos seus costumes menos edificantes. Será que foi vingança por terem sido demitidos?

*Elvis e sua pélvis*

# Conheça alguns dos Caras

1. Lamar Fike, vulgo Bull Fike, Buda ou Pássaro Pintado

Elvis simpatizou com Lamar porque ele o fazia rir. Além disso, com seus 160 quilos devia fazer o Rei sentir-se mais seguro na hora de enfrentar alguma barra-pesada. Quando Elvis foi convocado para o serviço militar, Lamar tentou alistar-se para ir com ele, mas foi recusado por excesso de peso. Dizem que um dia Lamar caiu no banheiro em Graceland e ficou imprensado entre a latrina e a parede: tiveram de chamar o corpo de bombeiros para desentalá-lo! Além de ser acompanhante, piadista e guarda-costas do Rei, era função de Lamar providenciar a iluminação dos shows.

*A guarda do Rei*

2. Robert West, vulgo Red West

Red West era um grandalhão tipo armário, e se chamava Red por causa dos seus cabelos ruivos ("red" em inglês). Red conheceu Elvis ainda nos tempos de escola. Elvis tinha ido ao banheiro, e uns colegas da pesada, que não gostavam do visual que ele estava lançando, resolveram aproveitar para lhe dar uma prensa. Quando já iam começar a lhe fazer um novo corte de cabelo, o Red apareceu e salvou o topete do colega.

Desde esse dia, Red virou amigo do peito do Elvis. Red nem podia imaginar que, um dia, proteger Elvis de eventuais ataques de doidos ou encrenqueiros sempre que o Rei fosse ao toalete faria parte da sua profissão. Aliás, ele até contou que achava que o Elvis "não era ninguém" quando o socorreu naquele dia, o que só fez porque sentiu pena dele, que parecia tão sozinho, sem amigos. Quando ouviu o colega cantar pela primeira vez no rádio, exclamou boquiaberto: "Foi incrível!". Red, que estava sempre pronto para o que desse e viesse, também atuava como dublê em cenas de ação e perigo nos filmes do Elvis.

*Elvis e sua pélvis*

3\. Gene Smith

Gene era primo do Elvis e, antes de o primo fazer sucesso, foi seu colega de trabalho na fábrica de Memphis. No dia em que alcançou a fama e a fortuna, Elvis contratou Gene como motorista. Quando estava em Hollywood filmando, Gene era encarregado das roupas — checava se os sapatos estavam engraxados, as camisas engomadas, as meias limpinhas, as calças passadas, essas coisas. Não era um trabalho muito cansativo, você vai dizer. Bom, quando alguém perguntava ao Gene o que ele de fato fazia para viver, ele respondia...

> *Não faço nada... Sou primo do Elvis!*

4\. Charlie Hodge

Elvis fez amizade com Charlie quando serviam o exército. Além de também ser do Tennessee, Charlie era cantor de gospel e música country. E um grande contador de piadas. Como você já sabe, ele e Elvis dividiram uma cabine no navio pouco depois que a mãe do Elvis morreu, e Charlie foi muito atencioso com ele. Logo que deram baixa, Charlie visitou Elvis em Graceland. Pouco depois, o Rei e os Caras preparavam-se para ir de trem para Hollywood, quando Elvis pensou em convidar Charlie para se juntar a eles. Charlie respondeu: "Por que não?". E pronto: entrou para a Máfia de Memphis e ficou até Elvis morrer. Vez ou outra Charlie tocava guitarra nos shows do Elvis. Também lhe passava as echarpes (que Elvis atirava para a plateia enlouquecida) e seu refrigerante (que Elvis não dispensava), enquanto ele se apresentava.

*A guarda do Rei*

## Os Caras em ação

No fim dos anos 60, Elvis e a fina flor das celebridades começaram a se preocupar com sua segurança, depois que uma estrela do cinema, Sharon Tate, e alguns dos seus amigos foram assassinados por um maníaco maluco, Charles Manson, e sua patota. Elvis passou a usar um colete à prova de balas, sempre que pisava num palco.

Em setembro de 1970, um telefonema anônimo avisou que Elvis seria assassinado durante o show. Elvis imediatamente rodeou-se por uma parede de Caras. E para ter a mais absoluta certeza de que estaria cem por cento protegido, a polícia e o FBI também entraram na dança. No dia do tal show, a plateia estava infestada de policiais, havia nos bastidores um médico de prontidão e tudo o que era preciso para enfrentar uma emergência: tubo de oxigênio, bolsas de sangue, material para curativos e uma ambulância estacionada na entrada.

Pouco antes de entrar no palco (quem sabe se pela última vez), Elvis sentou-se no camarim em prantos, dando seu último adeus a seu pai e à Máfia. Entre um soluço e outro, conseguiu dizer aos Caras que, se algum "malvado" (não foi bem essa a palavra que ele usou) tentasse matá-lo, queria que "arrancassem os olhos" do dito-cujo. Radical!

Com os Caras escondidos atrás dos altos-falantes, Elvis, de revólveres metidos nas botas e outros enfiados na cintu-

*Elvis e sua pélvis*

ra, finalmente entrou no palco. A tensão era tremenda! As coisas corriam bem até que, no meio do show, um sujeito levantou-se no balcão e berrou: "ELVIS!". E agora? Elvis caiu imediatamente com um joelho no chão, como você vê nos filmes policiais, e berrou de volta: "Sim?". E o sujeito gritou: "Cante 'Don't be cruel'!". Elvis atendeu o pedido e... UFA! Acabou! O rei estava vivo para rebolar outra vez. Uma pessoa que estava presente naquela noite disse que o Elvis até parecia meio desapontado com o fato de ter terminado o show sem uma só bala no corpo!

### 18 de abril

Voltei para o Exército! É que estou a caminho da Califórnia, para rodar "<u>Saudades de um pracinha</u>", meu novo filme. Já fiz um monte de ensaios pra esse filme nos dois últimos anos. Quá quá quá! Eu e os Caras reservamos dois vagões de luxo só pra gente. Multidões em todas as estações do percurso pra me ver. Sinto-me a própria realeza, eu, o Rei Elvis!

### 21 de abril

Cá estamos. Quando chegamos a Los Angeles, o trem teve que entrar numa via lateral, pra que eu e os Caras pudéssemos cair fora. Senão, teria mais um daqueles tumultos!

### 27 de abril

Cravei mais um primeiro lugar nas paradas. "Stuck on you": outro milhão vendido! Tudo igual a antes de eu ir pro Exército. Tudo dando certo pro Elvis Presley!

### Maio de 1960

Cocoroca! Recebi umas visitas hoje. Apareceram no set de filmagem o dia quase todo, mas não eram umas visitas quaisquer, não! Foram o rei e a rainha da Tailândia, a mulher e a filha do presidente do Brasil,

vire →

mais uma porção de gente do showbiz. Ah, é, como é que eu ia esquecendo? E três princesas da Escandinávia. Ajoelhei-me e cantei para suas encantadoras altezas uma canção. Elas podem ser altezas reais, mas mesmo assim são uns brotos lindinhos, não são? Ara! Toda essa gente importante no mesmo dia me visitando. Eu, um simples caminhoneiro caipira do Tennessee. Às vezes penso cá com meus botões que tô ficando mais famoso que nunca!

Junho de 1960
Entre uma sessão de filmagem e outra, eu e os Caras temos nos divertido um montão. Ontem à noite a gente correu pelos

*A guarda do Rei*

corredores do hotel atirando um no outro com pistolas d'água. Depois brincamos, sabe do quê? De esconder! Meus camaradinhas de Memphis são divertidos à pampa!

## Alegria, alegria!

Elvis de fato conseguia arranjar tempo para se divertir no meio de todas aquelas filmagens e gravações. E, claro, os Caras eram uma companhia perfeita para...

1. Patinar

Quando criança, Elvis nunca tinha grana para ir ao rinque de patinação conhecido como Rainbow Rollerdrome; mas quando ficou famoso, alugava o lugar só para ele e sua patota, com direito a sorvete, bebida e patins grátis para todos. Eles pintavam por lá depois da meia-noite, vestiam umas roupas acolchoadas, dividiam-se em duas equipes e jogavam um joguinho delicado e "cabeça" que o Elvis dizia ter inventado. Quando seu primo, Junior Smith, dava o apito inicial, o pega começava. Eles não precisavam nem de bola nem de gols, porque o jogo era... GUERRA! Enquanto tocava no vo-

*Elvis e sua pélvis*

lume máximo a música favorita do Elvis, todo mundo batia em todo mundo. Ainda bem que tinha sempre por perto uma terceira equipe: a dos primeiros socorros! O outro joguinho maneiro era o do chicote. Uma corrente de trinta patinadores girava em torno do rinque, segurando o chicote, o do meio indo mais devagar e o da ponta a uns cinquenta quilômetros por hora. E, claro, era esse da ponta que às vezes acabava soltando a mão!

2. Ir ao parque de diversões

Elvis adorava as feiras e parques de diversões, ainda mais que seu primeiro sucesso como cantor se deu na Feira de Tupelo, quando ganhou cinco dólares por aquela canção sobre o cachorro morto. Agora que ele tinha bem mais que isso em seu porquinho, ele alugava o Parque de Exposições de Memphis para se divertir sempre que tinha vontade. Seu brinquedo predileto era a montanha-russa, em que ele ia toda vez no carro da frente.

3. Jogar futebol

Elvis era louco por futebol (americano, claro) e tinha seu próprio time, que jogava contra outras celebridades. Contam que às vezes pegava a bola e saía disparado, não conseguia mais parar, ia em frente como uma locomotiva, até entrar de cara na parede. Quando ficou mais velho e fora de forma, Elvis passou a achar o jogo uma chatice.

*A guarda do Rei*

4. Travar batalhas de fogos de artifício

Às vezes, as ideias que Elvis tinha de diversão eram totalmente irresponsáveis, para dizer o mínimo. É o caso das "batalhas de fogos de artifício", que travava com os Caras. Uma delas foi no réveillon de 1972. Elvis, então com 37 anos, e onze dos seus cupinchas vestiram roupas acolchoadas, óculos de proteção, luvas grossas, capacetes de futebol americano e foram para o seu imenso jardim, onde o Rei dividiu-os em dois times. Os dois "exércitos" foram armados com mais de mil dólares em fogos de artifício: candelas romanas, bombinhas, cabeças de negro, morteiros, busca-pés...

Tudo! A guerra durou umas duas ou três horas, uns correndo atrás dos outros, atirando fogos, até esgotar a munição. Graças às roupas de proteção, ninguém se machucou seriamente, ninguém morreu, mas no fim dos combates o ar estava saturado de fumaça e as roupas (a pele de alguns também), chamuscadas e cheias de furos.

ATENÇÃO! NUNCA copie essa ideia maluca. O Elvis e os Caras às vezes eram mais crianças do que as crianças. Ele era cheio de contrastes: por um lado, era educado, bem-comportado, merecia a admiração e o respeito de todos; por outro, agia como um tonto!

5. Correr em qualquer máquina que aparecesse

Elvis adorava dar umas voltinhas com os Caras em enormes motocicletas. Contam que a polícia de Memphis às vezes fechava a rodovia no meio da noite para que eles pudessem correr à vontade com suas motocas. Quando não estavam disputando rachas, cruzavam Memphis a toda. Elvis sempre ia na frente do bando. Se um dos Caras quisesse falar com ele, tinha permissão para emparelhar um instante, trocar rapidamente algumas palavras e depois voltar para trás.

Além de motos, Elvis gostava de correr com tudo o que tinha rodas, inclusive buggies, nas dunas da Califórnia. Gostava de autorama (tinha um gigante em Graceland), carrinhos de golfe e kart. Uma vez, só de piada e para deixar a multidão de fãs arrepiada, resolveu correr de kart diante dos portões de Graceland, mas não freou a tempo! Por sorte só quem saiu arranhado foi o portão da mansão!

6. Aprontar poucas e boas

Elvis tinha muito senso de humor. Seu programa de TV favorito era *Monty Python*, do hilário grupo inglês de mesmo nome. Era capaz de repetir de cor uma porção de falas do programa. Também adorava pregar peças nas pessoas. Eis um apanhado de algumas das melhores que ele aprontou:

- Um músico chamado Joe Guercio e sua banda acompanhavam o Rei do Rock num clube noturno. Um dos

*A guarda do Rei*

Caras perguntou para ele como era trabalhar com Elvis, e Joe respondeu: "É como acompanhar uma bola de gude rolando escada abaixo!". Em outras palavras, musicalmente falando, não era nada fácil acompanhar o Rei. O Cara contou para o Elvis o que o Joe tinha dito. No dia seguinte, quando Joe chegou ao seu camarim, não conseguiu abrir a porta. Depois de muito empurra daqui, força dali, finalmente abriu-a para descobrir umas 3 mil bolas de gude no chão e um bilhete grudado no espelho dizendo:

- Havia sempre uma multidão de fãs diante dos enormes portões de ferro de Graceland, na esperança de conseguir enxergar seu ídolo, nem que só de relance. Uma vez, Elvis mandou seu primo Harold abrir o portão para que todo mundo entrasse e o visse. Harold fez o que o primo mandou e os fãs atravessaram o portão, loucos para se encontrarem com o Elvis. Enquanto isso, o Rei escapulia pelo portão dos fundos. Quando todos estavam lá dentro, Harold fechou o portão da frente, e a multidão de fãs ficou trancada. Momentos depois, Elvis apareceu de carro na rua, diante do portão, deu adeusinho a seus admiradores perplexos e rumou para a estrada. Ao contrário dos mega-stars de hoje em dia, que provavelmente teriam cozinhado os fãs aprisionados em óleo fervendo e depois

*Elvis e sua pélvis*

jogado a carcaça deles para seus crocodilos de estimação, Elvis voltou e bateu um papo com a galera. Porque a última coisa no mundo que ele desejava era destratar seus fãs. Isso é que é mega-star, hein?

- Quando chegavam a um hotel, Elvis e os Caras tiravam todos os móveis do quarto do Rei e escondiam num corredor, depois chamavam o serviço e se queixavam de que o quarto estava vazio. Enquanto o camareiro ia procurar o gerente, eles botavam os móveis de volta no lugar o mais depressa que podiam. O coitado do camareiro voltava com o gerente e ficava com a maior cara de bobo!
- Quando iam a uma festa de arromba, o guapo Elvis e sua charmosa namorada da vez pintavam de preto os dentes da frente. Faziam sua entrada triunfal, com a boca bem fechada, e então começavam a sorrir escancarado para os convidados.

7. Mais macaquices... (com um macaco!)

Elvis participou uma vez de um programa de televisão junto com uns macacos amestrados. Gostou tanto deles que comprou um pequeno chimpanzé, chamado Scatter (Esparramado). Scatter era um macaco um bocado atrevido, que fazia todo tipo de macaquice, entre elas:

- Encher a cara e arrancar todas as linhas de telefone da casa que o Elvis tinha alugado.

*A guarda do Rei*

- Sacudir suas partes íntimas para o primeiro estranho que aparecesse. (Adivinhe com quem aprendeu isso...)
- Dirigir o Rolls-Royce do Elvis. Um dos Caras arranjou um quepe de chofer para Scatter, botou-no sentado no colo e saíram a passear por Memphis. Quando passava por alguém com uma cara de quem está pronto para fazer papel de bobo, o Cara se abaixava no banco e deixava Scatter "sozinho" no volante.

- Morder as pessoas. Ele mordeu a madrasta do Elvis e, alguns anos mais tarde, uma das suas empregadas. Pouco depois disso, foi encontrado morto na sua gaiola. Alguns anos após a morte de Scatter, contam que o Elvis comentou certa vez: "Scatter foi um dos melhores amigos que já tive!".

## A VOLTA DO ROQUEIRO

Depois que deu baixa no Exército, a vida de Elvis passou a se dividir entre divertir-se com seus camaradinhas, fazer filmes, ganhar uma nota preta com isso e divertir-se mais ainda com os Caras (para não falar no montão de garotas!). Foi assim por quase todos os anos 60, mas à medida que a década chegava ao fim, a felicidade do Elvis minguava. Ele estava cheio de fazer filmes em que cantava para cachorros, ou garotas, ou cavalos, ou para os caras de quem estava quebrando a cara. Sabia que não eram filmes nada criativos nem originais e que não tinha a menor graça continuar nessa. Fazia um tempão que não dava um show ao vivo e havia agora um montão de gente nova no pedaço, como os Rolling Stones e os Beatles, que estavam fazendo o Elvis parecer um dinossauro da canção pop.

Então o Coronel teve uma ideia...

##  DIÁRIO PERDIDO DO ELVIS (34 anos)

### 8 de janeiro de 1968

Faço 33 anos hoje! Já ganhei 33 discos de ouro. Meus filmes renderam mais de 135 milhões. Tenho mais grana que nunca... não paro de ganhar. Mas estou cheio! Meus filmes são uma chatice. Não emplaco um dos dez mais vendidos desde 1965. Não faço show ao vivo desde os 26 anos! E os jornais não param de me chamar de ultrapassado. O Coronel e uns caras da TV resolveram tentar me dar uma forcinha, fazendo um especial para marcar minha volta. Vão me pagar um quarto de milhão de dólares por ele. Bem, querido diário, cá entre você, eu e esta caneta, estou <u>morrendo de medo</u>! Vai ver que os fãs não querem saber mais de mim. E se não quiserem... vai ser meu <u>fim</u>!

### 1º de fevereiro

OBAAA! Estou superfeliz hoje! Por quê? Ora, porque sou pai! Esta tarde, às 05h01, eu e Priscilla tivemos uma menina. Vamos chamá-la de Lisa Marie. Marie é por causa

*Elvis e sua pélvis*

da mulher do Coronel. O que será que o futuro reserva para a minha garotinha?

<ins>10 de março</ins>

Estou péssimo. (De novo...) Todos os meus *singles* deste ano fracassaram. As paradas estão cheias de todo mundo, menos eu, há séculos! Beatles, Stones, sei lá quem mais. É só o nome deles que escuto. Será que eu já era?

<ins>29 de junho de 1968</ins>

Ontem à noite gravei um especial de Natal, marcando a minha volta. Pois é, em junho! Fiquei apavorado! Enquanto eu me preparava, pensava: "E se eu perder a voz bem no meio do palco?". Difícil... Eu estava suando em bicas. Minha roupa de couro, novinha em folha, logo percebeu. Um instante antes de entrar no palco, diante das câmeras, me deu aquele pânico. Disse ao produtor que não ia entrar. Mas ele me convenceu: pelos seus fãs, falou. Aí eu entrei. Foi o MÁXIMO! Eles amaram!

<ins>10 de dezembro de 1968</ins>

Meu especial passou na TV faz algumas noites. Foi o maior sucesso! Um jornalista disse que eu tinha "encontrado meu

*A volta do roqueiro*

> caminho de volta", depois de ter me perdido. E que eu tinha feito minhas velhas canções soarem frescas como se tivessem sido compostas ontem! Meus discos voltaram a vender! Yeah! Tamos aí! Estou me sentindo ótimo.
> Feliz Ano-Novo!

## Bem-vindo ao(s) meu(s) guarda-roupa(s)

Elvis preocupava-se muito com sua aparência. Quando era adolescente, passava horas com o nariz grudado na vitrine da Lansky's, a loja de roupas mais maneira de Memphis, sonhando poder comprar um dos modelitos expostos. Mas, infelizmente, como era durérrimo na época, só podia mesmo olhar, olhar, e ir embora com a cabeça cheia de sonhos de consumo (e o nariz achatado, de tanto ficar grudado na vitrine). Anos mais tarde, os irmãos Lansky recordaram que, embora usasse umas roupas de dar dó, o jovem Elvis já tinha uma cabeleira e tanto, e muito bons modos! Quando começou em seu primeiro emprego, Elvis ficou todo feliz porque os Lansky lhe disseram que ele podia levar algumas roupas da loja e ir pagando um dólar por semana, até quitar a compra. A gentileza deles compensou, porque, anos depois, Elvis gastava tanta grana comprando roupa lá que eles puderam dobrar o tamanho da loja.

A maneira como Elvis se vestia fazia parte do seu processo de criar uma imagem que o fizesse ser notado. Assim, quando ia fazer seus shows, além de levar os instrumentos, levava também um montão de roupas. Uma vez ele ficou tão perturbado por ter deixado sem querer uma mala cheia

*Elvis e sua pélvis*

de roupas num posto de gasolina que chorou durante todo o caminho de volta para casa.

Quando ficou milionário, Elvis encheu as três casas que tinha em três diferentes cidades com armários lotados de roupas idênticas. Assim, se voava de Memphis para Los Angeles, levando por distração um só par de meias cor-de-rosa, suas favoritas, não era um problema: tinha pares idênticos à sua espera em Los Angeles.

## Vista o seu Elvis

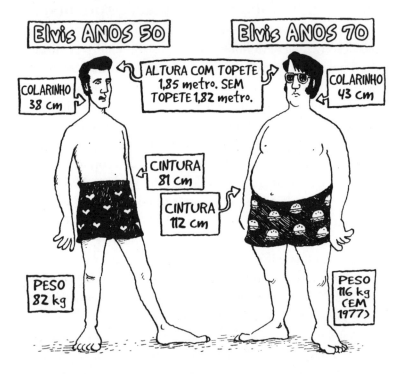

Nota: por uma questão de decência, o ilustrador vestiu os Elvis de cueca samba-canção. Mas, segundo um estilista que o conhecia, Elvis nunca usava cueca!

*A volta do roqueiro*

## ELVIS ANOS 50

Esse traje é o tipo de coisa que Elvis usava quando era um jovem roqueiro, estilo guerreiro, nos anos 50, em Memphis. Ele comprava a maior parte das suas roupas na Lansky's, mas sua mãe às vezes lhe empurrava uma camisa "normal". Naquela época, nos Estados Unidos, o tipo de modelito que ele vestia costumava ser usado apenas pelos negros. Os mauricinhos brancos e os adultos caretas olhavam cheios de desprezo para o Elvis, por causa daquela mania de copiar o estilo de gente que eles consideravam inferior. Mas Elvis riu por último, porque, quando ficou famoso nacionalmente, milhares de adolescentes de todas as cores de pele faziam de tudo para copiar o "novo" visual dele.

*Elvis e sua pélvis*

## ELVIS LAMÊ DOURADO

O Coronel e a gravadora do Elvis lhe deram de presente esse terno superfashion em 1957, em agradecimento aos rios de dinheiro que desaguavam nas respectivas contas bancárias graças ao sucesso do Elvis. O lamê é um tecido como o algodão ou a lã, só que com fios de metal na trama. Adivinhe de que metal eram os fios desse terno! (Se não encontrar a resposta, não precisa ficar deprê: é uma pergunta dificílima.)

TERNO DE LAMÊ DOURADO
GRAVATA CAUBÓI DOURADA
SAPATOS DOURADOS...
CADARÇOS DOURADOS COM (FALSOS) BRILHANTES

O terno, que custou 10 mil dólares, combinava com o Cadillac dourado e foi desenhado por Nudie Cohen, da Nudie's Rodeo Tailors, de Hollywood. Nudie era especializado em criar trajes discretos como esse para os mega-stars do showbiz. O discreto Nudie foi no seu Cadillac com chifres de touro no capô ao set de filmagem em que Elvis estava rodando, para tirar as medidas. Uma fã acabou roubando os cadarços dourados dos sapatos (dourados) do Elvis. E quando ele usou a roupa pela primeira vez, ajoelhou-se no palco durante a apresentação, aborrecendo tremendamente o Coronel, porque esfregar-se assim no chão deixava pelo menos cinquenta dólares em ouro no assoalho. O Coronel disse a Elvis para nunca mais fazer uma coisa dessas...

*A volta do roqueiro*

## O PRACINHA ELVIS

Essa é a farda imaculada que Elvis vestiu ao voltar para os Estados Unidos, depois de ter capturado o coração de 5 ou 6 milhões de alemãzinhas e de ter ganhado todos os meses, o tempo todo que fez o serviço militar, o prêmio de soldado mais bem vestido. Apesar da lama e da sujeira que volta e meia tinha de enfrentar, Elvis dava um jeito de estar sempre perfeitamente arrumado e limpo. Sua aparência imaculada pode ter sido ajudada pelos seguintes fatos: a) ele usava suas montanhas de dinheiro para comprar centenas de camisas e calças e para ter dúzias de fardas extras, feitas sob medida para ele pelos melhores alfaiates; b) quando voltava para a casa que tinha alugado, encontrava os Caras e a avó ocupados, engraxando suas botas, polindo botões e fivelas, passando suas camisas, túnicas e calças; e c) como ele não estava morando nos alojamentos, podia passar em casa para trocar de roupa na hora do almoço, o que fazia todo santo dia. Viu aquelas três listas no braço da farda do Elvis? Significa que ele era sargento. O que ele *não* era! O Coronel explicava que a promoção do Elvis foi um descuido da agulha do alfaiate. Ha ha ha! Boazinha, essa, Coronel! Conta outra!

*Elvis e sua pélvis*

## ELVIS PADRINHO

Elvis usou essa roupa quando foi padrinho de casamento de Sonny West, membro da sua turma e irmão do Red. Primeiro, uma palavrinha sobre os dois cintos. Elvis tinha toneladas de cintos e um montão deles eram enormes e pesadíssimos. Tão grandes e tão pesados que às vezes ele tinha de pôr outro cinto para impedir que o cinto pesadão puxasse suas calças para baixo. Ainda mais que o par de revólveres com cabo de madrepérola, que ele enfiava na cintura da calça boca de sino, não ajudava nada a calça a parar no lugar... Esses revólveres na certa serviam para substituir, em caso de emergência, os dois outros que ele levava nos coldres de ombro, que evidentemente ele trazia escondidos debaixo do sovaco para o caso de não conseguir sacar a tempo a pistola que estava escondida no cano da bota. Aonde ele imaginava que ia? Ao último casamento no faroeste? Ou será que uma má-língua insinuou que a noiva do Sonny era uma pistoleira e ele acreditou? Ninguém sabe também por que ele levou uma lanterna de polícia. Aliás, fora a lanterna, completou seu aparato policial chegando à cerimônia com aquela luzinha azul girando no teto do carro...

TERNO PRETO DE PELE
COLDRE DE OMBRO
CINTO COM ÁGUIAS DOURADAS E CORRENTES
GRAVATA BRANCA
LANTERNA DE POLÍCIA
SEGUNDO CINTO, COM A ESTRELA DE XERIFE E SEU NÚMERO DE ASSISTENTE DE XERIFE, 06
CALÇA BOCA DE SINO (TODO MUNDO USAVA ESSE TIPO DE CALÇA NOS ANOS 70)

## ELVIS COURO PRETO

Como você sabe, esse traje foi desenhado para o Elvis usar no tal programa de 1968, marcando sua volta à TV. O estilista que bolou a roupa partiu de uma calça e um casaco jeans da Levi's. A ideia era recordar à galera o jovem Elvis dos anos 50, uma ideia que não tinha muito a ver com a realidade.

É que nos anos 50, o Elvis quase nunca usava jeans (quem usava eram o James Dean e o Marlon Brando), porque os jeans lhe lembravam seu tempo de miserê, quando ele ia à escola com roupa de rancheiro e virava alvo de deboche dos colegas.

E o pior foi que a quentíssima iluminação do estúdio somada à excitação da volta, na avançada idade de 33 anos, fez o Elvis suar tanto dentro daquela roupa de couro que toda a sua maquiagem escorreu e ele teve de refazê-la antes mesmo de o show começar.

Alguém muito maldoso chegou a escrever que, quando o Elvis usava essa roupa, parecia um "pneu de caminhão humano"...

*Elvis e sua pélvis*

## ELVIS ÁGUIA AMERICANA

Elvis mandou fazer esse modelito para seu grande programa de 1973, transmitido via satélite direto do Havaí para mais de 1 bilhão de pessoas, no mundo inteiro. Como ia se apresentar para os fãs de todo o planeta, ele quis uma roupa que representasse os Estados Unidos. Poucos dias antes do show, deu de presente o carérrimo cinturão cravejado de rubis, o que deixou em pânico os caras que organizavam o show, porque um cinturão como aquele não era coisa que se comprasse na vendinha da esquina. A capa, que custou a mixaria de 10 mil dólares, foi desenhada para dar volteios no ar, quando Elvis pulasse e se sacudisse no palco. No fim do show, Elvis tirou a capa e atirou-a na plateia, e um fã imediatamente agarrou-a. Esse macacão era um entre as centenas que Elvis teve e usou nos anos 70. Ele adorava seus macacões — tão caseiros, tão práticos —, e até lhes dava nomes, como Leão Vermelho, Arco-Íris Azul ou Tigre Doido. Os macacões também adoravam o Elvis e mostravam seu afeto apertando-o com tanta força que ele tinha de usar por baixo uma espécie de meia-calça, para que não aparecesse a marca das cuecas, isto é, quando ele as usava. Elvis disse um dia:

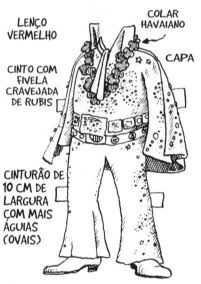

MACACÃO BRANCO COM MOTIVO DE ÁGUIA AMERICANA

LENÇO VERMELHO

COLAR HAVAIANO

CAPA

CINTO COM FIVELA CRAVEJADA DE RUBIS

CINTURÃO DE 10 CM DE LARGURA COM MAIS ÁGUIAS (OVAIS)

*A volta do roqueiro*

O especial *Elvis, o retorno* funcionou! Elvis voltava com tudo, fazendo uma ótima música para uma multidão que adorava o que ele fazia.

## A GRANDE AVENTURA

Em 1970, Elvis ia de vento em popa, estourando novamente nas paradas e apresentando-se com regularidade na boate de um super-hotel de Las Vegas. Mas também estava sentindo que os ventos começavam a soprar de uma forma diferente nos Estados Unidos. Ele já vinha percebendo havia algum tempo que as coisas estavam mudadas, mas agora sentia que precisava fazer algo! Nos anos 50, os Estados Unidos viveram a época dos "arrasta-meias", do chiclete de bola, da torta de maçã, dos Cadillacs e dos adolescentes de cara limpa que (muito sensível e corretamente) passavam o tempo torrando grana com discos e berrando como loucos para um roqueiro bonito e brilhante de Memphis.

*A grande aventura*

Mas agora as coisas tinham mudado. Os adolescentes esgoelantes dos anos 50 tinham crescido, ficado caretas e enjoados. E a revolução riponga da geração "paz e amor" ia a pleno vapor! Essa nova geração de jovens doidões, que andava por aí enfiando flores em canos de fuzil e usando calças tamanho família, geralmente (esse é que era o problema!) não dava a mínima para Elvis Presley e sua pélvis rebolante.

Nunca foi assim quando Elvis era jovem! E ele não gostava nem um pouco daquilo! Achava que aquela garotada com suas ideias esquisitas acabaria levando os Estados Unidos à decadência. O que mais o incomodava nessa nova geração riponga era o seguinte:

- Eles viviam protestando, em particular contra a Guerra do Vietnã, que era travada contra uns comunistas perigosíssimos pelos gloriosos soldados americanos, como ele mesmo foi um dia.

- Os jovens corriam o risco de cair nas mãos traiçoeiras desses mesmíssimos comunistas, que lhes aplicariam uma lavagem cerebral e os fariam marchar contra seu próprio país.

*Elvis e sua pélvis*

- Esses jovens consumiam drogas! E até faziam canções sobre elas!! Mas não as drogas boas, saudáveis, recomendáveis, como as que os médicos davam para o Elvis, que aliás as tomava em quantidades crescentes. Eram drogas ILEGAIS, que eles compravam de nefastos traficantes nos becos escuros.

A ideia de proteger seus compatriotas dos traficas perversos e da perversidade em geral sempre atraiu muito o Elvis. Quando rapaz, tinha até pensado em entrar para a polícia, em parte também porque adorava um uniforme. Mas tornar-se o mais famoso superstar do mundo o fez mudar de ideia e contentar-se com arranjar um distintivo da polícia dos lugares que ele visitava e às vezes receber da justa o título de "policial honorário". Ele tinha tanto orgulho da sua coleção de distintivos que mandou fazer uma caixa especial para eles, de modo que pudesse levá-los em suas viagens e mostrá-los a todo mundo. Um dia, Elvis encontrou um cara do showbiz que lhe mostrou um distintivo que fazia os seus parecerem uma coleção de tampinhas de coca-cola!

Quando o cara contou que tinha aquele superdistintivo porque trabalhava em segredo para o Departamento de Narcóticos, Elvis entendeu o que tinha de fazer! Ele ia salvar a América dos comunas, das drogas e dos hippies! E teve a mais brilhante ideia do mundo...

*A grande aventura*

## Um presente para o presidente

Pouco antes do Natal de 1970, Elvis pôs em funcionamento seu plano antidrogas, depois de uma discussão feia com seu pai e Priscilla por causa da sua extravagância natalina. Tendo saído para comprar uns presentes, voltou para casa com nada menos de dez Mercedes esporte, para os Caras, e a bagatela de 20 mil dólares em armas!

Chateado com a briga, Elvis botou sua mais chamativa capa roxa e um supercinturão, com uma enorme fivela que aquela gente fina lá do hotel de Las Vegas tinha lhe dado, e saiu que nem um tufão de Graceland em direção ao aeroporto, onde ele praticamente pulou dentro do primeiro avião que encontrou. Depois de voar de um lado para outro dos Estados Unidos, acabou pegando outro voo para Washington, acompanhado de seus dois "armários" ambulantes, Sonny West e Jerry Schilling. No avião, encontraram por acaso um senador muito conhecido, que bateu um longo papo com o Elvis sobre os jovens, as drogas, o comunismo e que tais.

Essa conversa inspirou tanto o Elvis que ele correu de volta para sua poltrona e escreveu uma carta. Mas não era para o seu pai ou para a Priscilla, dizendo que eles não se preocupassem. A carta era para o presidente dos Estados Unidos! Dizia coisas assim:

*Elvis e sua pélvis*

> Sou Elvis Presley e tenho grande respeito por sua função.

E:

> Gostaria muito de me encontrar com o senhor e lhe dar um alô, se o senhor não estiver muito ocupado...

Também disse que gostaria de ajudar o presidente a acabar com o abuso das drogas e com a lavagem cerebral comunista que estava acontecendo na América. Quando chegou a Washington, foi correndo ver o chefão do Departamento de Narcóticos e disse-lhe que ia usar da sua influência com a garotada para atuar entre os jovens e convencê-los a não usar mais drogas. Portanto, gostaria de receber, por favor, um daqueles lindos distintivos. Será que poderia lhe dar um? E o chefão das drogas, quer dizer, da repressão às drogas, respondeu: "Nem pensar", ou algo assim, o que deixou o Elvis tão chateado que saiu dali como um furacão e foi correndo para a sala do homem mais poderoso do mundo. Isso mesmo, para a Casa Branca, ver o presidente dos States! Elvis entregou sua carta ao soldado de guarda, e ficou ainda mais chateado porque o cara levou séculos até reconhecê-lo.

Em todo caso, pouco depois, recebeu um telefonema dizendo-lhe para comparecer à Casa Branca. Eis mais ou menos o que aconteceu lá...

*A grande aventura*

*Elvis e sua pélvis*

*A grande aventura*

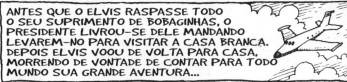

*Elvis e sua pélvis*

# O rei do gatilho

Elvis não colecionava só distintivos, também era louco por armas e passava horas acertando em tudo o que ficasse parado tempo bastante para que ele enchesse de chumbo. Além de achar que as armas eram uma ótima diversão, Elvis rodeava-se delas porque era obcecado pela segurança pessoal. Desde que ficou famoso, passou a receber ameaças de morte de todo tipo de gente esquisita. Viver armado até os dentes era a única maneira que tinha de se sentir seguro. Dizem que ele ia para a cama com um revólver enfiado na cintura do pijama de seda e sempre mantinha um berro ao lado do prato em que comia!

- BAM! Quando Elvis estourou nas paradas de sucesso, comemorou com outro tipo de estouro: enfileirou umas mil garrafas de bebida e estourou-as a tiros.

- SPLASH! Para passar o tempo, quando estava em Hollywood, Elvis e os Caras jogavam na piscina do hotel centenas de lâmpadas de flash. Sentados em volta da piscina, atiravam nas lâmpadas que ficavam boiando na água. Com as luzes da piscina apagadas, era um lindo espetáculo pirotécnico quando Elvis e seus rapazes acertavam.

*A grande aventura*

- PING! Para relaxar da tensão da vida moderna, algumas pessoas têm no jardim de casa um laguinho ou um campinho de *croquet*. Elvis tinha um estande de tiro. Para poder atirar a gosto, ele tinha uma porção de alvos em forma de humanos num galpão nos fundos de Graceland. Um joalheiro conta que, um dia, foi chamado a Graceland às duas da manhã (um chamado que nenhum homem de negócios sensível teria recusado) e encontrou Elvis no jardim, passando fogo em seus alvos, enfiado num daqueles enormes casacos de pele que os pioneiros americanos costumavam usar.

- BANG! Quando se enchia com o que passava na TV, Elvis *não* se dava ao trabalho de pegar o controle remoto (se é que já existia). Pegava, isso sim, um revólver e *passava fogo* no aparelho! Dizem que destruiu a tiros mais aparelhos de TV do que um lavador de copos desastrado seria

*Elvis e sua pélvis*

capaz de quebrar a vida inteira. A celebridade da TV que ele mais odiava era um tal de Robert Goulet. Vivia atirando nele. Mas, apesar de ter sido liquidado uma porção de vezes, por alguma estranha razão Robert vivia aparecendo de novo nas telas das TVs do Elvis...

- BUM! Quando Elvis se irritava com um carro, ele não se contentava em bater a porta com ódio — mandava chumbo nele! Dizem que atirou em vários dos carros que teve. Contam que uma vez teve um acesso de raiva e descarregou doze balas na sua Ferrari!

- PAM! PAM! Num hotel em que se hospedou nos anos 70, Elvis atirou no interruptor do quarto. O revólver era tão poderoso e o hotel tão chumbrega que a bala varou a parede e foi bater no banheiro, onde sua namorada estava fazendo o que precisava fazer. O que ela berrou não está no gibi! Num outro hotel, Elvis de repente começou a atirar no lustre. Os Caras ficaram alarmados e insinuaram que era melhor parar. Mas Elvis explicou que, como eles estavam no último andar, não tinha problema, desde que ele só atirasse para cima. A explicação logo acalmou os "gorilas". Posteriormente, um deles desculpou os feitos do Elvis, dizendo a um jornalista que ele tinha "de fazer alguma coisa", porque ficar à toa no hotel era muito chato.

*A grande aventura*

    É uma pena que o Elvis tivesse uma atitude tão infantil e irresponsável em relação às armas. Ele deveria ter se mancado de que arma não é brinquedo e nunca ter se comportado de uma maneira tão arriscada e negligente assim. Um péssimo exemplo, não acha?

A vida de megacelebridade é muito legal, mas não é nada fácil. Se você acha que estudar é dureza, espere só até crescer e virar astro do rock. Aí você vai ver o que é bom para tosse! Elvis fez mais de mil aparições ao vivo entre 1969 e 1977. Para isso foram necessários milhares e milhares de quilômetros de viagens e centenas e centenas de noites em hotéis. Além disso, vivia ansioso para saber se suas apresentações iam ou não dar certo, se os fãs iam gostar ou achar que ele era apenas uma curiosidade do tempo do Onça!

*O último rebolado*

Não bastasse isso, algumas pessoas (inclusive alguns velhos amigos, ou que diziam sê-lo) estavam começando a dizer coisas bem desagradáveis sobre ele em livros e jornais. Por volta de 1977, ele estava se sentindo muito cansado e, quem sabe, meio acima do peso.

## DIÁRIO PERDIDO DO ELVIS (42 anos)

### 27 de junho de 1977

De volta a Memphis. Minha última turnê me deixou morto! Já dei 56 shows esse ano. Pfff... estou exausto, cara. Mas valeu a pena. Os fãs ainda são loucos por mim.

### 10 de julho

Ainda estou me sentindo péssimo. Por isso estou meio que hibernando aqui em Graceland. Tem dia que durmo quinze horas direto. Como se meus shows tivessem realmente me esgotado. Mas não posso abandonar meus fãs. De jeito nenhum! Prefiro morrer!

### 25 de julho

Estou me sentindo um pouco melhor. Não é de espantar que eu esteja pregado. Meu primo, Billy, me lembrou agorinha mesmo quantos shows eu dei desde minha volta em 68. E dizer que, naqueles dias, eu estava aflito para saber se meus fãs ainda gostavam de mim. Quá, quá, quá! Bem, acho que gostavam sim... Porque ainda estou no *Guinness* dos recordes, como o cara que vendeu mais discos no mundo! Uau! Ainda tem vida neste velho gato caipira!

### 1º de agosto

O tal livro, ELVIS, WHAT HAPPENED? (O que foi que aconteceu, Elvis?), do Red e do Sonny, saiu hoje! Estou tão pê da vida com ele que dá vontade de EXPLODIR! Como eles puderam escrever aquelas coisas todas sobre mim? Afinal de contas, dei tudo pra eles! O pior é que foi publicado em seriado no *Star*! A primeira parte diz que eu queria ver morto o namorado da Priscilla! AAAAAAAAAAH! Estou tão furioso com isso tudo que me dá vontade de ver esses dois caras virarem presunto! Apesar de serem da família!

### 2 de agosto

Mandei o Lisa Marie...

... à Califórnia, buscar a Lisa Marie...

*O último rebolado*

Ah! E agora minha filhinha querida está aqui, e vai ficar um tempinho. A sobrinha da Ginger também está, para fazer companhia a ela. Enquanto escrevo estas mal traçadas linhas, minha Lisa está indo e vindo por Graceland no seu carrinho de golfe elétrico. E seu guarda-costas está tendo de correr ao lado dela. Ele quase bota os bofes pra fora pra conseguir acompanhá-la.

Quá, quá, quá!

## A GAROTA DA VEZ: GINGER ALDEN

Quando Ginger era pequena, sua mãe costumava levá-la consigo ao portão de Graceland, para que pudessem ver Elvis montar a cavalo ou correr no seu carrinho de golfe. Quando ela fez cinco anos, ele a levou ao parque de diversões e foi na montanha-russa com ela. Elvis encontrou-a, já mocinha, em 1976, quando ele estava com 41 anos e ela era uma rainha da beleza de vinte anos. Ela foi segunda colocada no concurso de Miss Estados Unidos, foi Miss Meio-Sul e Miss Trânsito Seguro de Memphis. (Ginger o deixou enlouquecido desde o instante em que botou os olhos nela!)

*Elvis e sua pélvis*

Quando ela começou a sair com ele, levou-a para passear na sua nova Ferrari, mas ela achou que a baratinha corria demais. Então ele a levou para dar uma volta em Las Vegas a bordo do seu... jato. A Máfia de Memphis não gostava muito dela, tanto que a apelidou de Pescoço de Galinha. Elvis era doido por ela e lhe deu uns presentinhos, tipo...

UMA CASA NOVA

UM LINCOLN CONVERSÍVEL ZERINHO

UM ANEL DE NOIVADO DE DIAMANTE

Após a morte de Elvis, Ginger disse que ela e sua mãe ainda conversam com o Rei em sessões de espiritismo, e até viram seu fantasma.

## DIÁRIO PERDIDO DO ELVIS (42 anos)

### 4 de agosto de 1977

Não tenho dormido direito. E quando consigo dormir, tenho um sonho terrível. Sonho que tudo se foi... meus fãs... minha grana... o Coronel... tudo! E fico sozinho. Acordo suando frio.

### 5 de agosto

Ainda estou rindo do que aconteceu esta tarde! Comprei para Lisa Marie um novo pônei e pensei em mostrá-lo para a vovó Minnie. Só que ela estava dentro de casa.

E daí?, disse com meus botões... E daí que simplesmente entrei pela porta da frente puxando o poneizinho atrás de mim. Foi uma senhora surpresa para vovó. Só que o bichinho resolveu presentear o tapete com um cocô fresquinho! Quá, quá, quá! Parecia uma cena do programa dos Monty Python!!

### 7 de agosto

Ginger disse que a gente devia alugar Libertyland (aquele antigo parque de diversões) para a Lisa e seus amiguinhos se divertirem um pouco. As crianças adoraram. E eu me diverti um bocado também. Fomos embora às 6h30 da tarde, com a mala do carro entupida de guloseimas.

### 8 de agosto

Vou partir em turnê de novo. O Coronel já está organizando os shows, todo excitado. Vou estar na estrada daqui a oito dias! Ainda estou meio fora de forma para aparecer diante dos meus fãs. Bem, pelo menos, comecei meu regime radical: só líquidos! Tomara que funcione! Será que vou mesmo conseguir perder dez quilos numa semana? Bom, ficar no blablablá não resolve. Vamos à luta: tá na hora de fazer um pouco de bicicleta. Ai, que vontade de traçar um x-búrguer!

*Elvis e sua pélvis*

## Regime de engorda

Elvis era viciado em *junk food* — essas comidas de lanchonete. O problema era que, desde criança, a mãe do Elvis acostumou-o a comer errado. Quando eram pobres, ela compensava a falta de brinquedos, roupas bonitas, passeios, com comida gostosa. Elvis tornou-se um comilão esganado para o resto da vida, e quando ficou rico, passou a gastar uma fortuna nas guloseimas pelas quais era louco. O que o transformou, de alguém que aos 21 anos tinha oitenta centímetros de cintura, num cara que aos 42 anos tinha 1,10 metro de cintura e pesava 115 quilos. Seu médico disse uma vez que tentar fazê-lo emagrecer era "como tentar fazer um elefante de uma tonelada seguir uma dieta".

Quase tudo que o Elvis gostava de comer era coisa que não fazia nada bem à saúde, tipo:

## À mesa com Elvis

### 1. Bem passado

Elvis só gostava de carne muito bem passada. Se o cachorro-quente ou o hambúrguer que ele pedia não viesse assim, costumava dizer para a garçonete: "Não pedi bicho vivo". A moça sacava na hora que tinha dado mancada.

### 2. Mata-fome

Alguém notou que, quando montava em seu cavalo, Rising Sun (Sol Nascente), Elvis sempre levava um baita saco de plástico verde pendurado na sela. Não, não era para jogar lixo. Era um saco repleto de pão de cachorro-quente, para encher o bucho enquanto cavalgava. O cavalo dava duro, e ele é que ficava com fome!

*Elvis e sua pélvis*

3. Laricas noturnas

Elvis levava uma vida muito desordenada. Era comum dormir de dia e ficar acordado a noite inteira. Daí estar muito mais exposto do que a maioria das pessoas a sofrer de "larica noturna". Mas, ao contrário da maioria das pessoas, ele não precisava se levantar para assaltar a geladeira, porque sua cozinha ficava de plantão 24 horas por dia. Tinha sempre alguém lá para lhe preparar um lanchinho de emergência.

4. Guerra de comida

Às vezes, quando Elvis e os Caras estavam comendo, um deles de repente pegava, por exemplo, uma colherada de purê de batatas e atirava na cara do Cara sentado ao lado. Era o sinal de largada para uma batalha de comida. Num instantinho, todo mundo estava jogando em todo mundo ervilhas, alface, mostarda, ketchup...

5. Sanduíches para viagem... a jato

Elvis foi dar um show em Denver e descobriu um sanduíche dos deuses, invenção de uma lanchonete da cidade: tiravam o miolo de um pão gigante e recheavam-no com pasta de amendoim, geleia de uva e bacon torrado. De volta a Memphis, sentiu de repente uma vontade incontrolável de traçar uns dois ou três desses monstruosos Ouros de Louco, que era o nome do tal sanduba. Não pensou duas vezes: telefonou para a lanchonete, encomendou 22 sanduíches gigantes, mandou preparar seu jatinho particular e atravessou metade dos Estados Unidos para buscar a encomenda.

## *O favorito do Rei*

O sanduíche que ele mais pedia para a sua cozinha, nas horas de superlarica, é o ideal para quem está preocupado com o peso — isto é, para quem precisa engordar algumas toneladas. É só comer uns três ou quatro deles que você arrebenta a balança.

*Ingredientes* (a quantidade depende da sua fome):
Pasta de amendoim bem cremosa.
Algumas bananas bem maduras.
Algumas fatias de pão de fôrma,
    com bastante manteiga.
Mais manteiga.

*Utensílios necessários*:
Uma frigideira.
Uma faca ou espátula.
Papel-toalha.
Um balde de plástico (o tamanho varia de acordo com a quantidade dos ingredientes).

*Modo de preparo*:
Esmague as bananas. Misture bem a banana amassada com a pasta de amendoim, até formar uma enorme gosma. Passe a gosma nas fatias de pão de fôrma. Ponha (bastante) manteiga na frigideira e, quando a manteiga estiver derretida e borbulhante, coloque os sanduíches. Espere um pouco e vire-os. Quando estiverem bem dourados, tire-os da frigi-

*Elvis e sua pélvis*

deira e ponha-os no papel-toalha, para absorver o excesso de manteiga. Pronto! Agora é só comer.

*Sugestão para servi-los*:
Pegue no mínimo três TVs e instale-as no seu quarto. (Elvis gostava de assistir a três programas ao mesmo tempo.) Cubra as janelas com papel-alumínio. (Os Caras faziam isso para que o Rei pensasse que era de noite.) Vista um pijama de seda com seu monograma, entre na cama e encha a pança, acompanhando com alguns litros de milk-shake.

Acorde um tempinho depois, com vontade de botar os bofes para fora. (Entendeu para que serve o balde?)

Bem, não é exatamente o que se costuma chamar de uma dieta saudável, não acha? Vai ver que é por isso que o Elvis foi parar no hospital várias vezes na década de 70, com os mais diversos problemas estomacais e congêneres. Além de ser um adepto da *junk food*, ele também tomava toneladas de remédios para dormir, para emagrecer, para relaxar (tudo receitado por seu médico, é claro). Não é por nada que estava sempre se sentindo mal...

## DIÁRIO PERDIDO DO ELVIS (42 anos)

### 10 de agosto de 1977

Aluguei a sala de cinema local, para eu e os Caras assistirmos ao novo filme do James Bond, <u>007: O espião que me amava</u>. Levei minha arma comigo, como sempre costumo fazer. Eu e o 007 usamos a mesma pistola. Pois é! Uma PK Walther... Mas a minha é folheada a ouro.

### 14 de agosto

Chegou hoje meu novo macacão. Abri todo animado. Mas quando fui experimentar, nem consegui entrar. Pombas! Estou gordo que nem uma baleia! Dieta ou não dieta: eis a questão!

### 15 de agosto

Hoje brinquei com a Lisa Marie no jardim. Ela volta pra casa da mãe amanhã. Vai me fazer uma baita falta, mas não tem jeito: não posso levá-la em turnê comigo. Eu e a Ginger vamos ao dentista hoje à noite. Telefonei pra ele e marquei a consulta para as dez e meia da noite. Tem gente que é capaz de pensar que é um horário meio esquisito pra tratar dos dentes. Mas não pra um notívago de carteirinha, que nem eu.

O meu dentista é um cara superprestativo. Será que é por causa do Cadillac novinho em folha que dei de presente pra ele?

### 16 de agosto

São umas dez da matina, estou sentado no banheiro. Passei a noite acordado, mas continuo sem vontade de dormir. Meu estômago também está doendo um pouco (dieta desgraçada!). Ainda estou pensando no que aconteceu faz pouco. Foi uma coisinha de nada, mas me fez ver quanto meus fãs significam pra mim. Quando eu e a Ginger voltamos do dentista essa madrugada, havia um montão de fãs esperando no portão de casa (pra variar). Paramos o carro e uma mulher se aproximou e levantou a filhinha na altura da minha janela, para que o marido tirasse uma foto da menina comigo. Aquilo me fez sentir tão bem, que arrastei Billy, Jo e Ginger para a quadra de squash, pra jogarmos uma partidinha. O jogo me cansou um bocado, mas mesmo assim não consegui dormir. Ginger pegou logo no sono. Sortuda! Eu disse pra ela que vinha ler aqui no banheiro. Mas não estou lendo coisíssima nenhuma! Estou é escrevendo este meu diário. E assim que eu acabar de escrever, vou guardá-lo no seu esconderijo secreto! Já pensou se alguém o lesse?
Não estou me sentindo nada bem
                         neste instante...

*O último rebolado*

# O ENXERIDO
**EDIÇÃO ESPECIAL**   17 de agosto de 1977

# ELVIS PRESLEY MORREU!

*O mundo chocado: o Rei do Rock caiu do trono!*

O ÚLTIMO COCHILO DO REI
por X. E. Reta

Ontem eu participava de uma entrevista coletiva, quando anunciaram que Elvis Presley, o Rei do Rock, tinha morrido em algum momento entre as nove da manhã e as duas da tarde. Sua namorada, Ginger Alden, encontrou-o caído de cara no tapete do banheiro, às 2h15 da tarde. Chamou os guarda-costas e o médico, que chamou o pronto-socorro. Elvis foi levado às pressas para o hospital, mas chegou morto.

*Elvis e sua pélvis*

Elvis passou a noite acordado. Foi ao dentista e, na volta, jogou squash. Por volta das nove da manhã, disse à srta. Alden que ia ao banheiro, ler um pouco, ao que ela respondeu: "Não vá cair no sono!". Ele teria replicado: "Fique fria, não vou cair". Foram suas últimas palavras. Ginger Alden acordou horas depois e, ao ver que o lugar de Elvis na cama estava vazio, achou que ele tivesse descido. Ligou então para a mãe. Quando desligou o telefone, chamou-o, e, como não recebeu resposta, entrou no banheiro e viu, horrorizada, que Elvis estava caído de cara no tapete. Logo em seguida, Graceland inteira irrompeu em gritos e gemidos!

A ÚLTIMA FOTO
por Paul Aroid

Acabo de falar com o sr. F. Ilme, que estava no portão de Graceland com a mulher e a filha quando Elvis voltou do dentista ontem à noite.

"Passava da meia-noite", contou o sr. F. Ilme. "Eu e minha mulher tínhamos vindo especialmente de Indiana, com nossa filhinha, Baby, para tirarmos umas fotos na frente de Graceland. Imagine só a surpresa que tivemos quando o Rei em pessoa apareceu de carro. Minha mulher levantou a Baby na altura da janela do carro, ele deu um sorriso e acenou. Ele é o máximo... Quer dizer, era." Quando disse ao sr. F. Ilme que provavelmente ele havia tirado a última foto do Rei do Rock vivo, ele olhou espantado para mim e exclamou: "Que revelação!".

*O último rebolado*

# O FUNERAL DO REI

*Elvis e sua pélvis*

## O EFEITO ELVIS

Quando Elvis se apresentava, milhares de pessoas normalmente sossegadas e bem-comportadas tornavam-se instantaneamente doidas varridas. E não era por serem adolescentes, não! Coroas de trinta anos ou mais também enlouqueciam. Conta-se que, quando Elvis se apresentou em Las Vegas nos anos 70, um bando de senhoras respeitabilíssimas, enfiadas em chiquérrimos vestidos de baile, levantaram-se de repente das suas cadeiras e dispararam por entre as mesas na direção do palco, derrubando o jantar dos outros e espetando suculentos filés com seus saltos agulha. Era extraordinário como Elvis fazia o público delirar. Até sua banda oficial se surpreendia com ele. Recordando todos aqueles anos, tempos depois, o guitarrista da banda, Scotty Moore, conta que, ao ver todo tipo de gente explodir quando Elvis começou a cantar "Heartbreak hotel", ele pensou com sua guitarra: "Nossa, que que tá acontecendo?!". Quem viu a pélvis do Elvis hipnotizar milhares de fãs, diz que era como se ele transmitisse uma espécie de poder invisível — como se uma corrente elétrica passasse do corpo dele para o deles. Que choque!

*Elvis e sua pélvis*

Até o próprio Elvis ficava meio espantado com o efeito que ele produzia sobre os fãs (principalmente sobre *as* fãs). Uma vez ele disse para a banda: "Aposto que sou capaz de fazê-los delirar soltando um arroto". Arrotou, e adivinhem o que aconteceu:

Desde o dia em que o Elvis ficou famoso de morrer, começaram a imitar seu estilo. Alguns copiavam seu penteado e suas roupas. Se vocês prestarem atenção nos vovôs que eram adolescentes nos anos 50, vão notar que eles tentam desesperadamente manter o topete à Elvis Presley.

Outros iam mais longe, imitavam tudo, virando um clone do Elvis. Hoje existem milhares de caras assim por este mundo afora. Tem coral natalino e até uma equipe de paraquedismo estilo Elvis Presley! Um cara chegou a fazer uma cirurgia plástica para ficar a cara do Elvis. Mas você não precisa chegar a tanto, se quiser se parecer com o Elvis. Basta seguir estas instruções que vai ficar igualzinho a ele.

*O efeito Elvis*

# Como ser um clone do Elvis

Estas instruções são para a versão 1956 do Rei (já tem um montão de gente copiando o modelo anos 70). Mas, se você quiser acrescentar um toque de um modelo posterior do Elvis, vai encontrar umas boas dicas para isso no fim.

*Material necessário*:
- Hordas de fãs incondicionais. Se você não puder arranjar 10 mil adolescentes delirando com sua apresentação, que nem o público americano do Elvis dos anos 50, arranje uns quebra-galhos. Por exemplo, uma ex-adolescente dos anos 50, como sua avó. Ou alguém que berre à toa: um bebê, por exemplo, seu irmãozinho ou sua irmãzinha. E até o cachorro, o gato, o canário da família...

- Um guarda-roupa extravagante. Vá num brechó e arranje umas velharias dos anos 50. Volte ao capítulo "Bem-vindo ao(s) meu(s) guarda-roupa(s)" (p. 153) para ter umas ideias.
- Um microfone, daqueles antigões, encaixado num suporte com um fio preto saindo do pé (do pé do suporte, não do seu). Um cabo de vassoura com um barbante (pintado de preto, de preferência) quebra o galho. Elvis se empolgava tanto, que muitas vezes partia o suporte em dois.

*Elvis e sua pélvis*

- Mastigue alguma coisa. Elvis costumava mascar chiclete quando cantava. Não é fácil: se bobear, o chiclete gruda na campainha da garganta e você pode morrer sufocado no meio de um rebolado.

Por que você não masca algo mais fácil, por exemplo, sucrilhos ou um x-búrguer? Mas cuidado para não cuspir na plateia um x-mastigado, já bem gosmento!
- Um espelho de corpo inteiro. Quando o jovem Elvis se preparava para shows importantes, ele passava horas na frente de um espelho, praticando seus célebres remelexos.

- Vários litros de suor. Elvis gastava toneladas de energia em suas apresentações, suava baldes e mais baldes. Mas a transpiração não vinha apenas do seu bamboleio alucinado. Ele percebeu que um dos seus ídolos, o cantor de *rhythm and blues* Jackie Wilson, também suava horrores. Jackie contou que costumava comer um caminhão de sal e beber uma lagoa inteirinha antes de entrar no palco, porque as cocotas adoravam vê-lo esguichar suor. Elvis adotou o macete. Mas CUIDADO: fazer isso é perigosíssi-

*O efeito Elvis*

mo, porque pode causar um ataque cardíaco FATAL! NÃO IMITE esses dois portanto! Quer transpirar muito? Então pule bastante.

Você está pronto. Chegou o grande momento. Está todo mundo lá, te esperando. Não se assuste com as vaias antes do show: eles têm mania disso. Não estão te mandando embora, tanto que estão se esgoelando: "Elvis! Elvis! Elvis!". Exatamente como acontecia nos shows do Elvis, a ponto de a menininha que se exibia tocando xilofone ou o velho comediante sem graça caírem fora, chateados. Pois é, naqueles tempos, os shows de rock costumavam abrir com acrobatas, crianças-prodígio, contadores de piadas (velhas)... Ouça! Seus fãs estão ansiosos. Você não pode decepcioná-los. As consequências seriam desastrosas!

Isso tudo acabou se tornando completamente natural para o Elvis. Seu outro empresário, Bob Neal, conta que, quando o Elvis estava no palco...

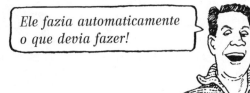

*Ele fazia automaticamente o que devia fazer!*

Bem, pode ter ficado fácil para ele. Mas você está mesmo pronto para enfrentar esse desafio? Veremos!

*Elvis e sua pélvis*

*Como conquistar fama e fortuna:*
1. Entre no palco. Você tem de entrar com o passo e a ginga certos. Não entre trotando, como se fosse receber um prêmio por um trabalho escolar. Não entre se remexendo todo prosa... Relaxe... vá devagar, meio pensativo, até... Alguém descreveu o passo do Elvis como uma mistura de desleixado, apressado e descontraído. Bem, digamos, um passo "desapressaído". É isso aí! Entre com um passo desapressaído.

2. Olhe nos olhos do público (não é fácil, quando são milhares de olhos). E agora sorria com uma ponta de tédio.

Assim não! Não é como se você esnobasse o público! Elvis *amava* os fãs. Mais para o insolente, o brincalhão. Deixe o sorriso brincar nos seus lábios... Agora deixe seus lábios espalharem o sorriso em seu rosto.

Caramba, está ficando com uma cara legal! Ótimo!

3. Agora um muxoxo. Trocando em miúdos, uma leve expressão de "ai que saco". Curve o lábio superior e ponha

um tiquinho mais de tédio. Estudando os filmes de grandes astros, como Marlon Brando e James Dean, Elvis concluiu que eles não chegaram aonde chegaram arreganhando os dentes num sorriso de pitt bull. Se você sentir que está vindo um sorriso de felicidade ou uma risadinha nervosa, vire de costas para a plateia e cubra a boca com a mão (ou enfie um saco de papel na cabeça).

4. Toque dois ou três acordes negligentemente. Elvis não era um grande instrumentista, mas a coisa não é por aí. Ser muito bom instrumentista pode às vezes levar você a ser empolado, difícil, frio — resumindo, "cabeça" demais. De fato, boa parte dos músicos pop de sucesso têm o que se chama educadamente de "técnica limitada" (quer dizer, são uma nulidade como instrumentistas).

5. Está chegando a hora de tratar seriamente da linguagem corporal. Deixe a guitarra pendurada no pescoço como se fosse um colar de madeira de tamanho meio exagerado. Uma dica importante: alguém disse que o Elvis "lia" o público quando se apresentava. E, se ele via que o público respondia a seus

*Elvis e sua pélvis*

sorrisos, a seus muxoxos e a seus remelexos, então ele "dava um pouquinho mais" a eles. Como um rebolado extra, ou um muxoxo a mais, de brinde. Bom! Se os fãs estão começando a reagir a você, está na hora de jogar neles aquela porção mastigada de sucrilho.

6. Agora vamos trabalhar os dedos. Estenda os braços e mexa os dedos como se estivesse tocando teclado ou guitarra no ar. Ah, não se esqueça de continuar dando aquele sorriso! Ah, as mangas da camisa têm de estar imaculadamente limpas e engomadas.

Imagine-se "avançando às cegas por uma passagem subterrânea de paredes cheias de umidade". Foi assim que uma revista descreveu os movimentos do Elvis lá pelos idos dos anos 50.

Na verdade, nesta altura seria legal você abrir a boca um nadica de nada. Assim: deixe o lábio inferior ceder um pouco, como roupa molhada pendurada no varal. Isso! Opa, assim não! Você está babando no seu casaco de lamê dourado. É melhor fechar a boca de novo! E rápido!

7. Está na hora de ensaiar aqueles amassos com o microfone. Agarre-o como se fosse a maior gata que você já agar-

rou. Agora, caia de joelhos e meio que se incline sobre ele, para lhe dar o amasso da sua vida! Ei! Pare com isso! Você não sabe o que os pelos da vassoura varreram!

Calma! Você não tem de dar um amasso de verdade no microfone. Só ande um pouco pelo palco, agarradinho com ele.

8. Se você estiver fazendo tudo direitinho até aqui, nesta altura seus fãs já devem estar quase delirando. Portanto, está na hora de pôr em ação a célebre mexida de pernas do Elvis, o Pélvis. Comece sacolejando levemente a perna esquerda. Isso! Erga o punho direito no ar e dê duas ou três sacudidas de cadeiras (as suas cadeiras!). Agora "quebre" secamente as pernas, com o letal movimento "em canivete" do Elvis, o Pélvis.

Não, assim não! Isso não é canivete, é tesoura! Mais uma tesourada dessas e você vai recortar o chão do palco — ou vão te mandar recortar figurinhas em casa! Você tem de "quebrar" e bambolear as pernas com um misto de pular numa perna só, que nem saci, com pular corda, arrastar pé,

*Elvis e sua pélvis*

dar uns arrancões, de modo que você se mexa para a frente e para trás no palco. Isso mesmo! Ótimo! Ops!

Acontece. Não desanime. Suba de volta no palco e procure ver aonde você está indo. Agora, o toque final: você tem de girar vivamente uma perna, depois arrastá-la, como se não estivesse se sentindo bem. Ah, é, já ia me esquecendo! Você tem de ficar na ponta dos pés, com os joelhos dobrados para a frente o máximo que puder.

9. Desabe! Isso vai fazer a plateia ir abaixo — e você também, aliás. Caia de joelhos bem na frente do palco, depois enfie a cara na ribalta — aqueles refletores que ficavam no chão do palco.

*O efeito Elvis*

Quando Elvis fazia isso, a gritaria dos fãs quase derrubava as paredes. Se você não arranjar os tais refletores, a cumbuca do cachorro ou do gato serve. Agora, o golpe de misericórdia: se você estiver se apresentando num palco ao ar livre, pule dele, caindo de quatro no chão, e comece a comer a grama. Se for num palco interno, é só comer o carpete. Elvis fez uma dessas durante um show num estádio, quando cantava "You ain't nothing but a hound dog" (traduzindo: Você não passa de uma vira-lata. Que título amável, hein?). Ele pulou do palco e começou a mastigar a grama como se fosse um bode esfaimado. O público foi ao delírio.

10. Estátua! Esse é o momento ideal para você usar um daqueles movimentos dos anos 70 de que falamos. Se você tiver sorte, eles vão sossegar um pouco a plateia. Antes que os fãs comecem a roubar os botões da sua camisa, pule de volta no palco. (Ei, tá com a boca cheia de pelo de carpete? Cara, não era para comer de verdade, só de mentirinha!) A música que você cantava chegou ao fim. Em seus tempos de cantor de boate, Elvis gostava de se imobilizar numa espécie de pose de estátua, ao fim de cada número. Se você já brincou de estátua, sabe exatamente como fazer. Quando a música parar, pare você também, ficando completamente imóvel.

Bárbaro! Talvez Elvis esperasse que seus fãs aderissem à brincadeira e ficassem de olho nele, para ver se ele se mexia

*Elvis e sua pélvis*

ou ria. Um autor meio maldoso escreveu que as poses imóveis do Elvis eram grotescas, tanto que resolveu batizá-las com nomes nada lisonjeiros, como...

Pronto, você está no ponto. Você é um clone do Elvis. Tudo o que tem a fazer agora é juntar a essa encenação os seus grandes sucessos (os dele; os seus vão vir logo, logo). Tente por exemplo "Blue suede shoes" ou "All shook up". E não se esqueça: se você resolver ser mesmo um clone do Elvis, pode ficar rico. Tem clones que ganham a mixaria de 15 mil dólares POR SEMANA! Viu como vale a pena?

Os fãs do Elvis ficaram arrasados com sua morte inesperada, mas ela não os fez parar de idolatrar o Rei e de apreciar sua música tanto quanto antes. Talvez tenham até passado a apreciar mais! Meses depois da sua morte, a "elvismania" parecia maior que nunca! Entre 1977 e 1980, apesar de estar em turnê permanente no céu, Elvis ainda ganhava mais dinheiro do que qualquer outro artista pop.

*Elvis e sua pélvis*

# O rei está morto, viva o rei!

- Quando Elvis morreu, seus fãs foram correndo comprar 20 milhões de discos... num só dia!
- Toneladas de novos produtos foram postos à venda, inclusive garrafas de suor e assentos de privada do Elvis! (Mas os fãs se queixavam de que também caíam deles de cara no chão.)
- Um cara comprou o antigo rancho de Elvis no Mississippi e começou a vender pedaços da cerca para os fãs. As pessoas que compravam os pedaços de madeira de quinze centímetros recebiam um certificado assinado pelo primo do Elvis, Billy, dizendo que eram autênticos.

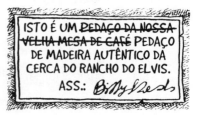

- Graceland foi aberta como atração turística em 1982. Elvis está enterrado lá, junto da piscina, ao lado de Gladys, Vernon e da vovó Minnie.

É a segunda casa mais visitada dos Estados Unidos (a primeira é a Casa Branca), recebendo em torno de 1 milhão de fãs por ano, ainda hoje. O trecho de dezesseis quilômetros da Rodovia 51, que passa diante de Graceland, já tinha ganhado o nome de Elvis Presley Boulevard em 1972.

*Depois do Elvis*

- Em janeiro de 1983, os correios dos Estados Unidos lançaram um selo com um lindo desenho do Elvis. Olhe só o que uns fãs espertos do Elvis bolaram: inventavam um  endereço que esperavam *não* existir e mandavam para lá uma carta, com o selo do Elvis. Os Correios devolviam a carta para o fã, porque não tinham encontrado a casa. O envelope trazia o carimbo *Return to sender — Address unknown* (Devolvido ao remetente — Endereço desconhecido), o que era o título do *single* de 1962 do Elvis (e o primeiro verso da canção), que alcançou a marca de 1 milhão de cópias!

- Outra grande atração turística ligada ao Elvis é o "barraco espingarda" (ver pp. 8 e 9) em que ele morava em East Tupelo. Foi aberta inicialmente à visitação pública em 1971, pela ex-professora do Elvis, a srta. Grimes. Alguns fãs chegaram a se casar nela! Em 1979, a área do entorno foi batizada de Elvis Presley Heights.

- Os fãs do Elvis ainda realizam regularmente gigantescos encontros chamados convenções. Essas convenções chegam a reunir 100 mil pessoas, que conversam sobre Elvis, ouvem discos e se divertem com os clones do Rei.

*Elvis e sua pélvis*

- Em 1986, mais de duzentos clones do Elvis compareceram a uma festa de aniversário da Estátua da Liberdade.

- No dia 8 de janeiro de 1993, 1200 clones do Elvis reuniram-se nos cinquenta estados americanos para celebrar o que teria sido o aniversário de 58 anos do Elvis. Não é de espantar que muita gente ainda pense que ele está vivo!
- Pois é, tem gente que acha que o Elvis ainda está vivo e que sua morte foi uma farsa, para que ele pudesse trabalhar, sem que ninguém desconfiasse, como agente secreto do serviço antidrogas do FBI. Volta e meia surgem relatos de pessoas que o viram por aí. Tem muita gente que o vê trabalhando num supermercado, em cidades tão distantes

*Depois do Elvis*

quanto Wigan, na Inglaterra, e Pittsburg, nos Estados Unidos. Se você ficar de olho, é bem capaz de vê-lo na sua cidade... Provavelmente, numa lanchonete traçando meia dúzia de hambúrgueres.

- Desde que o Elvis morreu, mais de quatrocentos livros foram escritos sobre ele e sua música. Ridículo! Por mais morto de fama e divertido que alguém seja, tanto livro assim sobre uma pessoa é um absurdo. Os autores desses livros, ainda mais dos ilustrados, deviam é ser internados urgentemente num manicômio!

 A marca FSC® é a garantia de que a madeira utilizada na fabricação do papel deste livro provém de florestas que foram gerenciadas de maneira ambientalmente correta, socialmente justa e economicamente viável, além de outras fontes de origem controlada.

Composição: Américo Freiria
Impressão: Geográfica